अलौकिक रहस्य

कथा एक संत की

स्वामी चैतन्य वीतराग

डायमंड बुक्स

www.diamondbooks.in

प्रकाशन सम्बन्धी जानकारी

प्रकाशक:–

संतोष कुमार खंडेलवाल, गिरिडीह, झारखण्ड मो.– 9430315190

अरुण कुमार अरोड़ा, कलकत्ता मो.– 9430183001

प्रथम संस्करण– 2025

***

मूल लेखक:–

स्वामी चैतन्य वीतराग

प्रत्यभिज्ञा प्रकाशन, गिरिडीह, झारखण्ड

मुद्रण खर्च देय: मा योगमाया द्वारा प्रेमास्वरूप

संकलनकर्ता : स्वामी वीतराग भारती

आवरण का पार्श्व पृष्ठ पेंटिंग–**स्वामी चैतन्य वीतराग** जी द्वारा बनाई गई है।

पुस्तक प्राप्ति स्थान:–

1. नालंदा साहित्य सदन 163, महात्मा गांधी रोड़, कलकता–7, मो.–8697359311

2. कोटक बुक स्टॉल, शहीद चौक, रायपुर (छत्तीसगढ़)

3. श्री कमल शर्मा, होटल गंगा डेसिन, हरिद्वार (उत्तराखण्ड), मो.–9719046573

4. आलोक अग्रवाल, बालाजी ऑयल मिल्स, गिरिडीह (झारखण्ड)

5. सोहन सोनी, जवाहर चौक, दुर्ग (छत्तीसगढ़), मो.–9425568342

6. श्री संजय वर्मा जी, भोपाल (मध्य प्रदेश), मो.–8516898682

7. सत्यार्थ पुस्तक सदन, नीलम टॉकीज के बगल में, मधुबनी (बिहार), मो.–7631294555

8. स्वामी जीवन देवेश भारती, डॉलटनगंज (झारखण्ड), मो.–9162970247

9. श्री करण राजवंशी, विराट नगर, नेपाल, मो.–9779827315386

10. सतीश सिंह, B 21/92, कमच्छा, वाराणसी (उत्तर प्रदेश), मो.–9956290907

प्रकाशक : डायमंड पॉकेट बुक्स (प्रा) लि

X-30 ओखला इंडस्ट्रियल एरिया, फेज-II

नई दिल्ली - 110020

फोन : 011 40712200

ई–मेल : wecare@diamondbooks.in

वेबसाइट : www.diamondbooks.in

संस्करण : 2025

Alaukik Rahasya Katha Ek Sant Ki

Compiled by : *Swami Veetrag Bharati*

भागवत् प्रेरणा

ओशो कमलातीर्थ आश्रम जयनगर (जिला– मधुबनी, बिहार) में वहाँ के संचालक स्वामी अमन अतिका जी से मैं मिलने गया। अमन अतिका जी को तीन साल तक गिरिडीह में रहकर बाबाजी की सेवा करने का सौभाग्य मिला है।

बातचीत के क्रम में उन्होंने मुझसे कहा कि बाबाजी की डायरी का तो प्रकाशन हो गया। लोगों ने उसे पढ़ा भी लेकिन डायरी तो अपने आप में सागर जैसा है, सर के ऊपर से गुजर जाता है क्यों नहीं एक ऐसा प्रयास होता कि सागर में से कुछ गागर में भर लिया जाता जो सुधी पाठकों के मन मस्तिष्क के दायरे में आ जाता और उसी क्षण इस दिशा में कुछ करने की प्रेरणा मिली और मैंने इस दिशा में अपनी क्षमता के आधार पर प्रयास शुरू कर दिया जो आप लोगों के समक्ष है।

मधुबनी में बी.एस.एन.एल. से सेवानिवृत एक सज्जन राजेन्द्र जी मुझे कहा करते कि आप कुछ लिखिए। वे कबीर साहब से जुड़े हुए हैं।

हमारा उनका परिचय संयोगवश ही हो गया। मैं एक दुकान के पास खड़ा था उसी समय एक परिचित मित्र ने पूछा स्वामी जी, बैंक से रिटायर्ड होने के बाद कैसा लग रहा है– तो मैंने जवाब दिया कि– ''संग चले सोई धन है संतो, छूट जाये सोई माया।'' जो संग है वो संग है जो माया था वो एक मुकाम पर आकर छूट गया। इसी तरह एक दिन जो छूटने वाला है वह सब छूट जायेगा। इसलिये ठीक ही चल रहा है।

राजेन्द्र जी बगल में उसी दुकान पर खड़े थे। वे मेरी बातों को ध्यान से सुन रहे थे।

चूँकि मैंने कबीर साहब की पंक्ति को दुहरा दिया था इसलिये उनकी उत्सुकता और बढ़ गई। फिर दुकानवाले से उन्होंने मेरा परिचय पूछा– तो उसने कहा कि ये बगल के पंजाब नेशनल बैंक में ही कार्यरत थें। फिर उन्होंने मेरे बारे में और और जानकारी ली और फिर वे पता पूछकर मेरे सम्पर्क में आ गए। उनसे विभिन्न विषयों पर बात होने लगी और उनके माध्यम से बहुत सारे सेवानिवृत और कार्यरत लोग सम्पर्क में आ गए।

उन लोगों को लगा कि आध्यात्म के संबंध में ये जो भी बात करते हैं वो तार्किक, वैज्ञानिक और प्रयोग (ध्यान) पर आधारित बात करते हैं।

इसी पर वे कहने लगे कि आप कुछ लिखिए। मैंने उन्हें कहा कि मैं इतना सक्षम नहीं हुआ हूँ कि कुछ लिखूँ। मेरी जो बात आप सुनते हैं वो उस जगत की बात है जहाँ से मैं जुड़ा हूँ और वह ओशो का जगत है।

उस जगत में बुद्ध पुरूष बोलते हैं और हम लोगों सहित सारी दुनिया भी सुनती है। बुद्ध–पुरूष ही लिखते हैं और हम लोग उसे पढ़ते हैं।

इसलिये हमारे लिखने का तो कोई सवाल ही नहीं है। हाँ, हमारे सद्गुरू ओशो जिन्हें लोग भगवान श्री रजनीश के भी नाम से जानते रहे हैं– उनसे एक शिष्य ने पूछा कि हम आपकी बात लोगों तक कैसे पहुँचायें, उनका जवाब था कहने की बात तुम मुझ पर छोड़ दो– और मैं जिस ''नये मनुष्य'' की बात करता हूँ तुम उसके प्रमाण बन कर खड़े हो जाओ ताकि लोगों को लगे कि एक ''नये मनुष्य'' की शुरूआत हो चुकी है जो अतीत की सारी मान्यताओं के पार (complete dissociation from past) जाकर जीने का संकल्प ले लिया है। जो अब अपने को हिन्दू, मुसलमान, सिख, ईसाई, बौद्ध, जैन सारे अतीत के बंधनों के पार जाकर निपट एक भारमुक्त, बंधनमुक्त, ध्यानपूर्ण जीवन जीने को चल पड़ा है।

सौभाग्य से जयनगर आश्रम पर बाबाजी का भी गिरिडीह से नेपाल (लहान) जाने के क्रम में तीन बार उनका अल्प प्रवास रहा है।

अब जो कुछ सामने है वो सब उन्हीं की कृपा से है।

स्वामी वीतराग भारती

पुष्पांजलि

उसकी तरफ से दिल न फिरेगा ना सहौ
अब हो गया यह जिसका तरफदार हो गया।

परमात्मा से जबतक तुम नहीं जुड़े, नहीं जुड़े। भटकते रहे जन्मों तक। एक बार जुड़ने लगे फिर कोई उपाय लौटने का नहीं है।

– ओशो

वो रिन्दे पाकबाज़ है, छू ले अगर हमें
दोज़ख को आग को गुलिस्ता बनायें हम।
उनसे मिलकर मैं उन्हीं में खो गया
और जो कुछ है आगे राज़ है।

स्वामी जी द्वारा "स्वयं" के बारे में रहस्योद्घाटन

गिरिडीह :–

भक्तजन आनन्दमयी माँ से पूछते थे, 'माँ आप कौन हो?' माँ का बहुत ही सरल जवाब होता था "तुम जो समझो।"

गिरिडीह आश्रम में स्वामी जी के पास कुछ शिष्यगण बैठे थे। एक शिष्य जो कलकता से आते थे, स्वामी अनुराग संदेश ने पूछा, 'बाबा जी आप स्वयं के बारे में कुछ बताएं।'

स्वामी जी ने मुस्कुराकर प्यारा सा जवाब दिया–

"हद में रहे वो पीर, बेहद हो वो औलिया,
हद और बेहद से पार मैं हूँ फकीर।"

बाबाजी की जुबानी

जीवन कथा का मर्म

मैं जो कह रहा हूँ, यह निष्प्रयोजन है। यह वैसे ही है जैसे रोज सुबह सूरज का उगना और शाम अस्त हो जाना। एक अज्ञेय खेल हो रहा है। कब से, किसी को पता नहीं।

मैं एक कहानी हूँ और साथ ही अनकही कहानी हूँ। मैं पूर्णतः निरपेक्ष होकर भी सापेक्ष परिलक्षित होता हूँ। इसी से भाषा का उपयोग कर रहा हूँ।

– 'बाबाजी'

निरपेक्ष: निर्द्वन्द्व (जो किसी से प्रभावित नहीं है।)

(Absolute)

सापेक्ष: परावलंबित (जो दूसरे की तुलना पर निर्भर है।)

(Relative)

आभार

आदरणीय पाठकगण,

बाबाजी द्वारा रचित **"हरि अनन्त हरि कथा अनन्ता"**, 1 से 8 भाग जो कि लगभग 4500 पृष्ठों में व्यक्त है, इन आठों भागों को संजोकर एक छोटी प्यारी माला एक नवीन छोटी पुस्तक के रूप में तैयार किया गया है जिसका नाम **"अलौकिक रहस्य : कथा एक संत की"** रखा गया है।

इसमें संकलनकर्ता ने यथासंभव कोशिश कर बाबाजी की अमूल्य वाणी, निर्देश एवं आध्यात्मिक यात्रा के कीमती रहस्यों को एक छोटी सी पुस्तक में अद्भुत रूप से लयबद्ध किया है। (बाबाजी की सारी पुस्तकें **Amazon** एवं **Flipkart** पर उपलब्ध है।)

इस महत् श्रमसाध्य कार्य का जिम्मा स्वामी वीतराग भारती जी (मधुबनी) ने आनन्दपूर्वक उठाए। इसके लिए श्री देवेश सिंह जो सम्पूर्ण रूप से सारा कार्यभार संभालते हुए स्वामी वीतराग भारती जी के सपनों को साकार किया और श्री संजय भाई (भोपाल वाले) ने पुनः विस्तार से मुद्रण संबंधी त्रुटियों को दूर किया। बाबाजी का पूरा परिवार उनका अनुगृहित है और अति प्रसन्न है।

अरूण अरोड़ा

संतोष खण्डेलवाल

विषय सूची

1 स्वामी चैतन्य वीतराग: जीवनी ("बाबाजी")

जीवन संगीत: 1942–2018

हरिकथा एक जीवन यात्रा

तो यह रहस्य कथा प्रारंभ हो ही गई। यह निश्चय ही किसी साहित्यिक प्रतिष्ठा हेतु नहीं है और न किसी विषय विशेष से प्रयोजन है वरन् सारा जीवन ही लक्ष्य है– समग्र जीवन। इसीलिए तो इसका नाम रखा है– ''हरि अनन्त हरि कथा अनन्ता''। जीवन और हरि अभिन्न है– अनन्य है– अद्वैत है– फिर भी द्वैत है, जीवन अनादि है– अनन्त है और हरि भी। जीवन को जानना हरि को जानना है और कोई दूसरा सीधा उपाय भी नहीं है। अतः समग्र जीवन ही लक्ष्य है, परोक्षतः हरि लक्ष्य है– यहाँ हरि की चर्चा है, हरि प्रारंभ में है, हरि मध्य में है और हरि को हम अंत में भी पायेंगे।

''हरि अनन्त हरि कथा अनन्ता''।

शरीर का जन्म :

यह एक शरीर की और उससे संबंधित अनेक रूपाकारों की ब्योरेबार इतिहास कथा है, मैं साक्षी होकर ही सब कह रहा हूँ– जरा गौर से सुनना–

इस शरीर का जन्म प्रातः चार बजकर पैंतीस मिनट, 16 नवम्बर, 1942, रायपुर, मध्य प्रदेश में हुआ।

पारिवारिक पृष्ठभूमि

पिता तथा माता दोनों ही परिवारों में साधन सम्पन्नता थी। माता प्रज्ञा बाई स्वयं सुन्दर संस्कारों वाली महिला थीं तथा उनका सम्पूर्ण घर विद्यानुरागी था। नाना आजीवन अन्न, नमक त्याग कर दूध एवं फल पर आश्रित रहते हुए परिव्राजक जीवन जीते रहें, लंबी आयु पाये थें।

नाम श्री बालारामधर जी दीवान था। उनके पाँच पुत्र एवं यह बड़भागिनी कन्या थी। यही कन्या कालान्तर में मेरी जननी बनीं।

पिता के घर में सब ओर मंगल था एवं मांगलिक कृत्यों में सबकी रूचि थी। प्रति सायं रामचरित मानस का पाठ एवं प्रति मंगलवार श्री बजरंगबली को प्रसाद चढ़ता था।

सब ओर संतोष था। इस प्रकार मेरी माँ तथा पिता दोनों ओर सुख–शांति थी। नीति और संतोष की संपदा थी उनके पास।

पिता श्री ईश्वरी प्रसाद शर्मा– शांत, गम्भीर, कर्मठ व्यक्ति थें। दादा श्री झब्बूलाल तिवारी भी ऐसे ही सुन्दर संस्कारों से युक्त थें। दादी श्रीमती बदन बाई सद्गुणों की खान थीं।

मैनें बाल्यकाल में सुना था कि दादा के माता पिता श्री गणपत लाल तिवारी अपनी चतुर्थावस्था में अपने अनेक अनेक रिश्तेदारों एवं संगी–साथियों सहित रामेश्वरम तीर्थ यात्रा पर गए थे। संयोग की बात है कि वहाँ पहुँचने के बाद एक दिन श्री गणपत लाल तिवारी जी सुबह–सुबह शरीर छोड़ गए। सब ओर शोक एवं हर्ष की मिश्रित भावना फैल गई। शोक इसलिए कि एक प्रियजन बिछुड़ गया और हर्ष इसलिए क्योंकि तीर्थ में आकर प्राण निकले।

इससे भी ज्यादा संयोग की बात है कि ठीक दूसरे दिन और ठीक उसी समय उनकी धर्मप्राण पत्नी ने भी शरीर छोड़ दिया। वह प्रत्यक्षतः सती हो गई।

अब सबसे ज्यादा आश्चर्यजनक तथ्य था कि ज्योंहि इस सती का शव तैयार करके समुद्र में बहाया गया, देखा गया कि चौबीस घंटे पूर्व बहाया गया शव उसके समीप आया, तभी उसमें भी गति आई और फिर दोनों साथ–साथ चल पड़े। जैसे जीवन भर साथ–साथ चलते रहे– वैसे ही मृत्योपरांत भी चलते रहे, क्या ही दिव्य संबंध है– क्या अलौकिक प्रीति है ऐसा ही दिव्य संस्कार था वहाँ।

बाल्यकाल और शिक्षाः

सन् 1942 से 1948 ई०

याद है जब माँ गोद में लेकर सुनार की दुकान पर ले गई थी। साथ में नानी थी। नानी का मायका था वह– ग्राम बासिन। नाक और कानों में छेद करवाये गये थे। लेकिन प्रेम इतना था चारों ओर कि दर्द का कुछ पता ही नहीं चला।

अक्सर मामा घर– ग्राम किरवई जाना होता था। अक्सर माँ संग होती थी, कभी–कभी नहीं भी। यह क्रम बहुत बचपन से लेकर अठारह वर्ष के उम्र तक बना रहा। फिर सहसा भंग हो गया तो भंग ही हो गया।

पिता से दूर–दूर का ही रिश्ता रहा। न वे कभी साथ उठे–बैठे, न उनके साथ कभी खाना, सोना ही हुआ। यह काम कभी कभी आवश्यकतानुसार चाचा व्यास नारायण जी कर देते थे।

पाठशाला भी गये तो नामांकन आदि सब चाचा व्यास नारायण जी ने किया। पिता का प्रत्यक्ष हाथ तो कभी नही दिखा फिर भी उनकी दृष्टि बराबर लगी रहती थी, एक–एक गतिविधि पर।

पाठशाला में पहली कक्षा में शिक्षक थे– श्री मोतीलाल वर्मा। बहुत ही सुन्दर ढंग से वर्णमाला एवं गिनती पहाड़ा सिखलाते थे। दूसरे वर्ष श्री मनीराम दूबे जी शिक्षक हुए। वे गणित पढ़ाते थे।

तीसरे वर्ष श्री शंकर राव शिक्षक थे। चित्रकला में उन्हें गहरी रूचि थी। वे हर उत्सव–पर्व की छुट्टी के दिन के पहले वाले दिन शाम को बोर्ड पर उस विषय से संबंधित कोई चित्रांकन किया करते थे तथा उसे स्लेट पर उतारने को प्रोत्साहित करते थे। मैं उसमें अत्यंत आनंदित होता था। कारण, मेरा चित्र इतना ठीक बनता था कि स्वयं शिक्षक महोदय प्राधानाध्यापक को दिखाने ले जाया करते थे। कभी–कभी मुझे भी बुलाया जाता था।

मेरी चित्रकला की भी अजीब प्रारंभ कथा है। इसी तीसरी कक्षा में जब पढ़ते थे तब मेरे सामने ही जो लड़का बैठता था वह अपनी स्लेट पर एक चित्र बनाया करता था वह मुझे पीछे बैठे बैठे देखकर अत्यंत आकर्षित करता था। मैं चुप–चाप उसकी नकल करने लगा। दो चार दिनों में ही मैं स्वयं सिद्धहस्त हो गया। और धीरेधीरे कुछ ही दिनों में सहसा कुशल होने लगा।

श्री शंकर राव जी का अनुग्रह जितना माना जाये उतना ही कम है। उन्होंने रस का स्रोत ही खोल दिया। बहुत प्यार करते थे वे और स्वयं भी बड़े प्यारे थे।

सन् 1949: संन्यास का भाव

मैंने जीवन में, जहाँ तक याद है– अपने पिताजी के द्वारा बनवाये गये वस्त्र सिर्फ एक ही बार पहने हैं और वह भी एक ही दिन चंद घंटे ही।

एक दिन की बात है, कहीं बाहर जाना हो रहा था माँ के साथ। किसी बात पर मुझे घर से बाहर निकलते ही विचित्र किस्म का क्रोध आया और उस क्रोध में मैंने नये कपड़े फाड़ डाले। जब माँ ने पिताजी का डर बतलाया तो वापस मैं घर लौट गया। मुझे अकेला छोड़कर सब लोग चले गए। घर में उस समय कोई नहीं था। सूना था। मैं डर के कारण नंगा ही रसोई में घुस गया और एक किनारे उकड़ू बैठ गया। मैं कुछ सोचने लगा। सोचने लगा कि मुझे घर से भाग जाना चाहिये, सामने की दीवार पर ध्यान गया तो देखता हूँ कि खूँटी से एक भगवा रंग का कपड़ा लटक रहा है। अब तो विचार और तेजी से चलने लगा कि संन्यासी का कपड़ा पहन कर घर से भाग जाना चाहिये। उम्र उस समय सात–आठ वर्ष की थी।

संन्यास के प्रति वह पहला आकर्षण था। तब से वह घर मेरे लिए घर कभी नहीं रहा।

सन् 1950–56 दीवारों के कैनवास

चित्रकला का उन्मेष हो चुका था। एक प्रकार का नशा ही पकड़ गया। इतना कि वर्ष भर के अभ्यास होते होते संपूर्ण परिवेश को पता चल गया कि यह बालक चित्रकार बनेगा। और सब विषय तो प्रिय थे ही लेकिन चित्र बनाना विशेष रूप से चलता रहा।

घर की दीवालें, समीप ही स्थित बाल समाज पुस्तकालय की दीवालें एवं आगे थोड़ा बढ़ने पर म्युनिसिपल अस्पताल की दीवालें– कैनवास का काम करने लगी।

हनुमान जी, गणेश जी, तिरंगा झंडा, झोपड़ी, नदी, पेड़, पहाड़ ये मुख्य विषय हुआ करते थे। एक पत्थर को खोदकर हनुमान जी की आकृति बनाई तो बच्चों ने (मित्र मंडली) उठाकर उसे समीप के बजरंग मंदिर में स्थापित कर दिया। मुझे पाठशाला में चित्रकार के रूप में प्रसिद्धि मिल चुकी थी।

सन् 1956: गृहत्याग का द्वितीय तीव्र संकल्प

आठवीं कक्षा में मैं वार्षिक परीक्षा में प्रथम रहा। वैसे इसके पूर्व सदा पहले सात के अंदर ही रहता था। और चित्रकला में हमेशा प्रथम रहा। मैं इस बार आशा करता था कि पिताजी अब मेरी प्रशंसा करेंगे।

लेकिन पिता जी के तटस्थ व्यवहार से मैं दुःखी हो गया। वे कुछ नहीं बोलें। अपने पिता के द्वारा दो शब्द भी प्रशंसा के न सुन पाने के दुःख में और आगे बाहर पढ़ने के लिए घर छोड़कर भाग जाने का संकल्प बार–बार उठने लगा।

महाविद्यालयीन जीवन (1958–1964) विस्फोट

यह अवधि जीवन में एक मोड़ लेकर आई। वैसे भी उम्र के हिसाब से किशोरावस्था से युवावस्था में प्रवेश होने से परिवर्तन का दौर आता ही है। अद्भुत अंतर आया जीवन में। एक तो जो जन्म की घड़ी से अबतक का संकोची स्वभाव था– संयमित सीधा–साधा संस्कारों से युक्त चित्त था उसमें विस्फोट हुआ। पढ़ने लिखने का शौक आगे बढ़ा। कला में अभिरूचि न सिर्फ बढ़ गई बल्कि परिष्कृत भी होती गई।

वैराग्य के कारण और चित्रकार होने से दाढ़ी कभी कटवाया नहीं। लेकिन कॉलेज में प्रवेश के इंटरव्यू के समय इस विषय को मुद्दा बनाकर प्राचार्य ने प्रवेश ही रोक दिया। अंततः दाढ़ी–मूँछ साफ करने पर ही प्रवेश हो सका। लेकिन इस घटना से पढ़ाई–लिखाई में रस जाता रहा। मेरा तो नाता ही टूट गया जैसे इस पढ़ाई–लिखाई (Academic) से और इसकी जगह ले ली योग, धर्म और दर्शनशास्त्र के ग्रंथों ने। मेंडलिफ, न्यूटन, डाल्टन, गणित और भौतिक शास्त्र के सूत्रों की

जगह ले ली वेदांत वाक्यों ने, उपनिषद् और योग शास्त्र के सूत्रों ने।

चेतना में स्पष्ट परिवर्तन आ चुका था। प्रकृति के बाह्य गुण धर्मो और नियमों के स्थान पर सूक्ष्म प्रक्रियाओं और मन के जटिल कार्य प्रणाली को समझना शुरू हो गया।

इसमें परोक्ष रूप से संपूर्ण अतीत का हाथ था।

कला साधना में सप्रे जी का सहयोगः-

रायपुर नगर के कला इतिहास में श्री सप्रे जी का नाम सदैव नक्षत्र की तरह जगमगाता रहेगा। वे एक ऋषितुल्य व्यक्ति थे। ऋषि ही थे। उनके पिता श्री माधवराव जी सप्रे हिन्दुस्तान के सम्मानित हिन्दी के विद्वान थे। उन्होंने ही बाल गंगाधर तिलक की कृति गीता रहस्य का मराठी से हिन्दी भाषानुवाद किया जो तत्कालीन भारतवर्ष में विद्वानों द्वारा सराही गई और गृहस्थों के द्वारा पढ़ी गई। बड़ी सफल किताब रहीं।

सप्रे जी (अनन्तराव माधवराव सप्रे जी) हमेशा कला पर समझाते–समझाते जीवन के अन्य मामलों पर विशेषकर आध्यात्म पर, योग पर बातें चली जाती थी।

वे हमेशा कहा करते थे कि कला साधना योग साधना ही है। कलाकार जीवन की हर चुनौतियों का सामना करता हुआ– जीवन के हर रंग रूप को जीता है– हर्ष शोक सब भोगता है। लेकिन फिर वहीं जब कला सृजन के काम में लग जाता है तब के क्षण अलग हो जाते हैं सामान्य क्षणों की तुलना में। और इस भाँति कलाकार उसी आनंद की अवस्था में सहज छलांग लगा जाता है जिसमें एक योगी योग प्राणायाम आदि की साधना के जरिये प्रवेश करता है। कला सृजन की प्रक्रिया से निकलने पर कलाकार का मुख वैसा ही उद्दीप्त होता है जैसे अपनी समाधि गुहा से निकलने पर किसी योगी के चेहरे पर दिखलाई पड़ती है। कलाकार को वे सच्चा– योगी कहते थे। वे स्वयं अपने ढंग से स्वयं परम शांत, आप्तकाम हो गए थे। उनके आसपास जो हम लोग जाया आया करते थे– महसूस करते थे।

मैं अपने चित्रों को लेकर उनके पास जाने लगा जो उन दिनों रोज बना करते थे। मैं कला साधना में डूब सा गया था। एक नशा छाया रहता था। मैं तो करनेवाला जैसा था ही नहीं– मेरे द्वारा जैसे बनवा लिया गया हो। अद्भुत चित्र निकले। ज्यादातर स्वपनिल–स्वपनिल दृश्य होते। ये सब श्री सप्रेजी को ले जाकर दिखाना नित्य का काम बन गया था।

उसी समय से हमलोगों ने देश के अलग–अलग स्थानों में होने वाले प्रदर्शनियों में अपने चित्र भेजना चालू किया। मैंने शायद सन् 61–62 से चालू किया। उस काम में श्री मुखर्जी साहब (अरूण कुमार मुखर्जी) का निर्देशन और प्रेरणा बराबर साथ रही। फिर धीरे–धीरे उनके पास रोजाना ही जाने लगा। वहाँ भी प्रायः कला के अलावा भजन सुमिरन, आध्यात्म, ज्योतिष, मनोविज्ञान, धर्म योग, दर्शन पर बातें होने लगी।

कला प्रदर्शनी में प्रथम बार प्रवेश:

सन् 1959 में मेरा महाविद्यालय जीवन शुरू हुआ और तभी से कला साधना में गहराई पकड़ता गया। कहा जा चुका है कि मुखर्जी (अरूण कुमार मुखर्जी) साहब का खूब संग बना रहा। वे अमूर्त (Abstract), अर्द्ध अमूर्त (Semi–abstract) काम किया करते थे, वे राज्य कला प्रदर्शनी में 1962 में पुरस्कृत भी हुए। उसी प्रदर्शनी में मुझे भी एक पुरस्कार मिला था।

अपनी कला यात्रा में मैं नागपुर, जबलपुर, इंदौर, बंबई, कलकत्ता, दिल्ली, वाराणसी, प्रयाग, लखनऊ आदि शहरों के कलाकारों से परिचित हुआ। उन्हें नजदीक से देखने को मिला।

इनमें से कुछ को बहुत समीप से देखा। और मेरे छोटे–छोटे Miniature size चित्रों को जब वे देखते थे तो देखते ही रह जाते थे। कुछ ने तो इतनी प्रशंसा की कि वह जरूरत से ज्यादा हो जाया करती थी। इससे एक आत्म संबल बना। इसी यात्रा के दौरान मैंने उन स्थानों में क्रियारत आर्ट गैलरियों को भी देखा। सब अच्छा लगता था। एक छोटे शहर का बालक इतने बड़े–बड़े शहर, इतने बड़े–बड़े लोग, इतनी बड़ी–बड़ी इमारतें– यह सब तो अच्छा लगेगा ही और साथ ही साथ एक संस्कार भी बनता जा रहा था। आत्मश्रद्धा का निर्माण हो रहा था, जब प्रदर्शनियों में चित्र भेजना शुरू हुआ तो लगभग सभी जगह मेरे चित्र प्रशंसा के साथ प्रदर्शित हुए।

यह सब देख–देख एक कलाकार का आत्म गौरव बढ़ता रहा। और जब ललित कला अकादमी की राष्ट्रीय कला प्रदर्शनी में ऐसा ही एक चित्र An architectonic नाम से प्रदर्शित हो गया तो संतुष्टि ही हो गई। सीमा आ गई।

तब तक चेतना में स्पष्ट परिवर्तन दृष्टिगोचर हो रहा था। कला साधना के स्थान पर अब किसी अज्ञात की प्यास चेहरे पर अंकित हो गई थी।

कोई भी देखकर उस समय कह सकता था कि इस व्यक्ति के अंदर तीव्र वैराग्य चल रहा है लेकिन बाहर एक आनन्दपूर्ण जीवन यापन की शैली से ढंका हुआ।

इस प्रकार कला यात्रा अचानक आध्यात्म यात्रा में रूपान्तरित हो गई थी। जीवन भी ऐसा ही है। ऐसा इस संन्यासी के साथ हुआ हो ऐसा नहीं है, अनेकानेक व्यक्तियों के जीवन में हुआ– ऐसा पढ़ने को मिलता है। कलाकारों के जीवन में आध्यात्म का प्रवेश ऐसे ही होता है।

विवाह पूर्व स्थिति

विवाह के संबंध में प्रारंभ से एक निश्चिन्तता थी कि नहीं करना है। क्योंकि यह समझ में आ गया था कि यदि विवाह होता है तो मैं जिस मनुष्य समुदाय की बेहोशी से छिटक कर दूर हो चला था उसी समुदाय में तथा उसकी तमाम बेहोशी अंगीकार करना होगा। यह कार्य अत्यन्त कठिन था। क्योंकि यात्रा में मैं बहुत आगे निकल गया था, पीछे लौटना असंभव था।

दर्शन:

सन् 1964–65 जुलाई। दिव्य दर्शन, माँ से दिव्य दर्शन, माँ आनन्दमयी की आभा और दिव्यत्व का तीव्र आभास। आनंद। आनन्द ही आनन्द। उत्सव ही उत्सव। निष्क्रिय शक्ति का उन्मेष। सक्रिय शक्ति का निर्वाण। अद्भुत– विलक्षण!!!

माँ चिति शक्ति का प्राकट्य। सत् चित् आनन्द की लीला। भक्ति–प्रेम–वात्सल्य–श्रद्धा। सौंदर्यबोध। शिशु की सौम्यता, बच्चे की मासूमियत। प्रपनावस्था। एक नशा। एक समभाव। एक तृप्ति और एक बेचैनी– और क्षण–क्षण की जागरूकता। नवों प्रकार की भक्ति का उद्बोधन अहोभाव। अनुग्रह। उत्साह। मुदिता। जीवन। रस तू ही है। तू ही है।

सहसा सब आत्मघाती विचारों का लोप। पुनर्जीवन का प्रवेश। अतीत से मुक्ति। वर्तमान से युक्ति। प्रसाद–कृपा– अहैतुकी कृपा। अहोभाव। तू ही है– तू ही है।

माँ आन्दमयी का रूप दर्शन तो बहुत बाद में हुआ। लेकिन आभा का आभास रज़िया रूप में ही हो गया था। ऐसी है मेरी रज़िया माँ। दिव्य दर्शन। भगवती कन्या।

रज़िया नाम की महिमा

रज़िया बानू– नाम परम पवित्र नाम है। यह एक शक्ति है। रज़िया नाम ही नाम है जैसे राम और प्रणव। रजनीश और बुद्ध। यह श्रद्धा से ही जाना गया है।

यह अकल्पनीय है तुम सब लोगों के लिए कि राम और प्रणव के साथ जो हजारों–लाखों वर्षो से अनंत–अनंत साधकों जीवों के द्वारा आराधित रहे हैं उनके साथ रज़िया जैसा एकदम नया और अनसुना नाम कैसे जोड़ दिया गया। लेकिन तुम भूल रहे हो कि अभी मैंने कहा कि श्रद्धा से जाना जायेगा। क्योंकि श्रद्धा से ही जाना गया है। जो चीज जिस जीव के काम का है सहयोगी है, वह उसे अवश्य ही प्राप्त हो जाती है।

यह ईश्वरीय नियम है– दैवी विधान है –दैवी विधान है। –दिव्य की व्यवस्था है।

सो मुझे जीव के कल्याणार्थ रज़िया रूप में ही देवी ने, भगवती ने, माँ ने दर्शन दे दिया और मै सहसा बदल ही गया। मेरा आमूलचूल रूपांतरण हो गया। मैं रस में डूब गया। मैं पुनः शिशु हो गया और एक नये सिरे से मेरा लालन–पालन, भरण पोषण होता रहा। यह सब एक रहस्यमय तरीके से हुआ। कर्त्ता कोई और ही था।

कर्त्ता की विशेषता ही होती है कि वह अदृश्य होता है। मैं माँ की लीला देखता रहा और देखता रहा। यह क्रम चलता रहा– और चलता रहेगा।

A long live affair.

रज़िया से भेंट

श्री गुजराती शिक्षण संघ:

जहाँ मैं शिक्षक हुआ था वहीं एक छोटी–सी बच्ची अपनी सातवीं कक्षा में थी। मैं उनकी कक्षा में पढ़ाने जाया करता था। कुछ ही दिन बीते थे कि एक दिन ऐसी ही एक घटना घटी कि मै उस लड़की के हाव–भाव देखता ही रह गया। इतनी मासूम, इतनी चमक, इतना निर्मल भाव इसके पूर्व कभी नहीं देखा था। सहसा उसके चेहरे को देखकर हृदय में एक ध्वनि उभरी– माँ– माँ आनन्दमयी।

मैं उसी क्षण से बदल गया। मेरा सारा अतीत विस्मृत हो गया। भविष्य तो कुछ था ही नहीं बस वर्त्तमान में ठहर गया। उसके दर्शन में परमात्मा के दर्शन आने का आनंद आने लगा। मैं तो एक तरह की बेहोशी और होश दोनों के सागर में हिलोर खाने लगा। वह जानती नहीं थी यह सब। लेकिन धीरे–धीरे वह भी जानने लगी कि मेरा भाव कैसा है लेकिन कभी मैंने इस असली भाव को प्रकट नहीं किया– उसकी जगह जैसा शिक्षक का प्रेम होता है बस उतने तक ही उसे खोलकर रखा। बाकी भीतर–भीतर ही महसूस करता था। यह संबंध करीब पाँच–छः वर्षो तक रहा। और उसके पाठशाला छोड़ने के बाद तो दो वर्षो में मैं भी हट गया।

संभवतः इसी घटना के लिए वह शिक्षकीय जीवन हुआ। मैंने उसे देखने के पूर्व तक आनन्दमयी माँ का नाम मात्र ही सुना था, उन्हें देखा कभी नही था और न ही कुछ पढ़ा सुना था। लेकिन उसे देखते ही माँ का ख्याल आना अद्भुत था। और मेरी समझ के परे था। रज़िया नाम था उसका। पहले ही बता चुका हूँ कि वह किस रूप में मेरे जीवन में आई। भक्ति के अनेक मार्ग मानों सहज ही खुल चुके थे।

रज़िया का मामला कुछ भिन्न ही है और मेरे लिए तो बहुत भिन्न। वह मेरी छात्रा ही नहीं, साक्षात् जगजननी, जगद्धात्री, भवतारिणी, पापनाशिनी, माँ भगवती हो गयी।

उसकी मासूम हरकतें, उसके व्यवहार सब मानों मेरे लिये मेरा योगशास्त्र वर्णित भिन्न मुद्राएँ, कलाएँ, अवस्थाएँ और रहस्य की जीवंत अभिव्यक्तियाँ थी।

मैं उसकी कक्षा में पढ़ाने नहीं उसके दर्शन करने जाता था। पढ़ाना तो बहाना होता था– उसके चरणों के दर्शन करना ही मुख्य उद्देश्य होता था।

यह घटना आकस्मिक रूप से घट गयी। बस, उसको देखते ही घट गई। क्या रहस्य था इसके पीछे मालूम नहीं– लेकिन उसके आनन्दमय स्वभाव को देखकर हृदय में किसी ने बहुत तीव्रता से कहा हो– माँ आनन्दमयी यही तो हैं; और मैं बदलता गया। क्षण, प्रतिक्षण बदलता गया।

रज़िया मेरी माँ हो गयी। रज़िया नाम मेरे लिये परम पवित्र मंत्र बन गया। रज़िया का रूप मेरे लिए रहस्यमय परमात्मा की जीवंत प्रतिमा बन गया। और रज़िया माँ जो मेरी सेवा स्वीकार कर लेती थी तो मैं समझता था– परमात्मा ने अपने भक्त की पुकार सुन ली है।

इस तरह दिन प्रति दिन उसी का ध्यान करने लगा। फिर तो ऐसा समय आया कि जिस किसी की ओर देखा– आँखें खुली है तो, आँखें बंद है तो– किसी का चेहरा हो सामने वह मेरे लिए रज़िया ही होता था। सिवा रज़िया के फिर मैंने कुछ न देखा– न सुना, न खाया, न पीया, न उठा, न बैठा। वही इधर, वही उधर। यही वह और वही वह हो गया।

रज़िया यद्यपि मेरे जीवन में एक छात्रा के रूप में आयी। उम्र भी कन्या रूप ही था। जैसी सब लड़कियाँ होती है वैसी ही थी। सब सामान्य था लेकिन फिर भी बहुत कुछ असामान्य था। वह अपनी सहेलियों में भी, और वह अपने घर में भी सर्वत्र सर्वप्रिय थी। देवी रूप तो थी ही। उसके घर में वह अपने भाई बहनों में सबसे छोटी थी– लेकिन न सिर्फ सबका प्रेम पाती रही– बल्कि सम्मान भी पाती रहीं।

रज़िया ने अपने जीवन के जो भी क्षण मुझे दिये मेरे साथ बैठकर बातें की जो प्रेम, जो आदर मेरे लिए दर्शाती रहीं– वह मेरे लिये सामान्य व्यवहार न होकर उसकी महानता तथा मेरे प्रति कृपावान होने का प्रमाण है। वह सब उसकी कृपा है।

रज़िया को देखकर सहसा मेरे जीवन में एक रूपांतरण ही आ गया। जीवन ने मानों अपना प्रयोजन स्वयं पा लिया हो और बिना मुझसे पूछने की जरूरत समझे– आप ही गतिमान हो गया हो। मैं कब बदल गया पता ही न चला।

आध्यात्मिक अनुभवों में इस घटना का जो अनुभव है– जिस अनुभूति से मैं गुजरा हूँ– वह अति दुर्लभ है। वह तो साक्षात् भक्ति ही मानों रूप धारण करके खेल, खेल रही हो मेरे और मेरी आराध्य माँ भगवती रज़िया के बीच में जो शून्य में शून्य का खेल था। यह रज़िया प्रसंग तो अंतहीन है। लेकिन इतना निश्चित है कि जो संत लोग कह गये हैं कि जहाँ कोई शिष्य तैयार हो तो सद्गुरू स्वयं प्रकट हो जाते हैं– यह सत्य है।

भगवान श्री रजनीश से प्रथम भेंटः–

इसके पूर्व थोड़े दिन पहले ही एक विलक्षण घटना घट गई। मेरे मित्र श्री वीरेन्द्र कुमार तिवारी सागर से रायपुर आए हुए थे। उस समय उन्होने बातों–बातों में कहा कि अभी सागर विश्वविद्यालय में युवक सम्मेलन था। उसमें जबलपुर से कोई आचार्य रजनीश आए थे। युवा थे। खुब आकर्षक भाषण दिए और यह कि मुझे उनसे मिलना चाहिए। मैंने बात पर कोई ध्यान नहीं दिया।

लेकिन दूसरे ही दिन एक अन्य मित्र श्री मनहरण शर्मा के मुख से फिर वही नाम सुनकर

हैरानी हुई। वे भी एक ही बात कहें कि मुझे उनसे मिलना चाहिए। वह स्वयं अभी जबलपुर गए थे तब उन्हें देखना हुआ था। आचार्य जी का पूरा हुलिया उसने बताया और जो जो देख पाया था सब कहा।

उसके ही दूसरे दिन संयोग से एक और मित्र आ गए। जिनके पास उनका अता पता था। वे वहीं जबलपुर में उनके छात्र थे। इस तरह आचार्य रजनीश नाम के प्रति सहज आकर्षण हुआ तथा मेरा पत्र भी चला गया तीन दिनों के भीतर। उन्होंने बिना देर जवाब भेज दिया और जल्दी ही भेंट करने का निमन्त्रण भेजा।

मैंने यूँ ही कुछ प्रश्न उन्हें लिख भेजे थे जो मेरे ख्याल में अभी तक अनुत्तरित थे। वे कुछ प्रश्न ही इस प्रकार के हैं– जो शायद सदा ही अनुत्तरित रहने वाले हैं, बाकायदा छोटे–छोटे जबाबों से युक्त यह पहला पत्र था उनका।

उस समय वे नेपियर टाऊन में योगेश भवन में एक–दो कमरों को किराए पर लेकर रह रहे थे। साथ में उनके भाई अरविन्द जी एवं बहन सुश्री क्रांति जी थीं, ये दोनों उनकी सेवा में थे।

तो जब हम मित्र ट्रेन से रवाना हुए जबलपुर की ओर के लिए तभी मैं क्या देखता हूँ– मेरा जेब तो साफ हो गया। चढ़ते समय ही भीड़ में किसी ने यह कर दिया था। मैं निरालंब हो गया था। यद्यपि मेरे साथ मित्र थे लेकिन मैं खाली हो गया। लेकिन साथ–साथ चलते रहे, पूरी खजुराहो यात्रा हो गई। लौटे जबलपुर।

धर्मशाला में ठहरने के बाद वे सब भेड़ाघाट घूमने चले गए। मैं अकेला अपनी इच्छा से वहीं रूक गया। मेरी इच्छा थी आचार्य जी से मिलने की। यह अच्छा सुअवसर था। वो चले गए लेकिन वे सब खर्च वर्च के लिए पूछना ही भूल गए। मैं वैसी अवस्था में ही ढूँढता हुआ आचार्य जी के आवास तक पहुँच गया।

प्रातः नौ और दस के बीच का समय था। मैं भीतर प्रविष्ट हुआ। सामने बागवानी में एक माली काम कर रहा था। पूछने पर सामने के दरवाजे की ओर इशारा कर दिया।

ज्योंही मेरा पहला पैर कमरे में गया, वे दिखें। मैं अन्दर चला गया। उन्होंने देखा। मैंने ज्योंही कहा रायपुर त्योंही उनके मुख से निकला 'कमलेश'? और मैने जब हाँ कहा तो बैठने का इशारा करते हुए कहा कि मैं ये कुछ लिख लूँ, फिर बात करेंगे।

मै उन्हें देखता रहा।

भव्य व्यक्तित्व।

शांत आँखे। मैंने पढ़ा–लिखा साधु पहली बार देखा था। बहुत अच्छे लगें।

उन्होंने लिखना बंद कर मेरी ओर मुखातिब हुए कहा– कि कुछ लाए हो। उनका तात्पर्य चित्रों से था। मैंने कुछ दिखाए। फिर उन्होंने बोलना शुरू किया।

पहले कला क्या है? सृजन क्या है? यह समझाया, फिर देश पर कुछ बोलें। लेकिन बहुत

संक्षिप्त–संक्षिप्त। तुरंत बोले कि चलो, भोजन का समय हो गया है, तुम्हें भूख लगी होगी, भोजन कर लो। मुझे भूख लगी थी। मैं निस्संकोच तैयार हो गया। मैं जब खाने बैठा तो देखता क्या हूँ। ये तो थोड़ा सा खाकर उठने लगें और मैं आधा ही खा पाया था। मैं थोड़ा असमंजस में पड़ा लेकिन मुस्कुराकर उन्होंने कहा– कमलेश को ठीक से खिलाओ, उसको भूख लगी है और मुझे देखकर बोले– ठीक से खाना मैं थोड़ा बाहर जाता हूँ– तुम खाकर आओ। मैंने भोजन समाप्त किया– बाहर निकला– देखता हूँ कि वे एक पुराने किस्म के कार के साथ खड़े हैं। मुझे देखते ही बोलें– जल्दी आओ। अभी तो कॉलेज जाना है और मुझे उसी दिन मित्रों के साथ रवाना होना था। सो इसी संक्षिप्त सी मुलाकात के बाद मैं वापस आ गया।

यह मुलाकात आगे चलकर गुरू–शिष्य मिलन की अनोखी घटना बन गई। यह परिचय गहरा होता गया और क्षण प्रतिक्षण रज़िया और रजनीश के प्रेम में डूबा रहता था।

एक दिव्य अनुभूति से हृदय भर उठा था। यह अनुभुति जिस क्षण से प्रारंभ हुई– अनवरत, अलख, अखंड होकर बनी रही। वह आज तक है। संभवतः सदैव–सदैव के लिए यह स्वभाव बन गया।

यह ऊष्मा विलक्षण थी। वह ऊर्जा विचित्र थी। वह नशा अद्भुत था। प्रेम का नशा। यह मुझे अंतर्वाह्य सब ओर से मुझे घेरे हुए था। मै और वह मस्ती– दो नही, एक हो गए थे।

एक विचित्र किस्म का हल्कापन महसूस करता था। जीवन में एक सार्थकता की किरण जगमगा उठी थी। उत्साह पैदा हो गया था। मैं अपने लिए नहीं, किसी के लिए जीवन को जीना चाहता था और वह मुझे मिल गया था। वह मुझे मिल गई थी। रज़िया और रजनीश ये दो नाम –ये दो रूप मेरे लिए धीरे–धीरे दिव्य से दिव्यतर होते चले गए और मैं घुलता गया। मिटता गया।

नवधा भक्ति का उन्मेश

रज़िया मेरी छात्रा थी। बच्ची थी उम्र से लेकिन आँखों में किसी महान पीर पैगम्बर की चमक थी। चेहरे पर प्रहलाद और ध्रुव का तेज था। वह पहले ही क्षण से मेरे लिए वही हो गई जो ठाकुर रामकृष्ण परमहंस देव के लिए माँ काली थी। माँ, माँ की अन्दर रट लग गई। और माँ आनन्दमयी का अदृश्य संपर्क उसके माध्यम से शुरू हो गया।

मैं इतना प्रेम में डूबा हुआ था कि वह भक्ति का रूप ले चुका था। हर क्षण उसके चरणों का चिंतन, उसके निर्मल गंगा जैसी पावनता का चिंतन किया करता था। मैं जब प्रत्यक्ष उसे देखता था तब मानो साक्षात् जगजननी को साकार देख रहा हूँ– ऐसी अद्भुत् होती थी। मैं धीरे–धीरे हर जगह, हर व्यक्ति की आँखों में– सभी दिशाओं में, दृश्य में, अदृश्य में उसे ही देखता था। वह सब अनुभव शब्दों में कह पाना बहुत मुश्किल है। वह विशुद्ध प्रेमा भक्ति थी। मैं अपनी उम्र भूलकर शिशु हो गया था।

मैं जिसे भी कोई पत्र लिखता तो प्रारंभ में या अन्त में माँ रज़िया को प्रणाम जरूर लिखता था। यही बात जो भी नई किताब मैं खरीदता था उसमें भी होती थी। चाहे पहले पन्ने पर या अन्त में– माँ रज़िया को प्रणाम लिखता था।

मैं जीवंत हो उठा था। इसी समय आचार्य रजनीश जी के साथ हुए परिचय ने भी अपना स्थान बनाना शुरू कर दिया। मैं उन्हें भी जब कोई पत्र देता था तो उसमें भी यही बात होती थी जैसे ऊपर कहा गया है। एक बार उन्होंने पूछा कि यह रज़िया कौन है। मैने जैसी बात थी वह ज्यों का त्यों सुना दिया। वे बहुत प्रसन्न हुए।

मैं रायपुर जब वापस लौटा तब आचार्य जी ने दो तीन पुस्तकें– साधना पथ, क्रांतिबीज, पथ के प्रदीप, सिंहनाद और अहिंसा दर्शन– ये किताबे दीं। मैं उन्हें लेते आया था।

आने के बाद श्री माधव राव सप्रे जी से मिला। उनसे पूछने पर सारा विवरण दिया। और यह भी बताया कि कला पर आचार्य जी क्या बोलें।

श्री रजनीश जी ने कहा– जब तुम कलाकृति का निर्माण करते हो तो बन जाने के बाद वह कृति मूल्य रखती है वह बेची जा सकती है, खरीदी जा सकती है लेकिन वे क्षण जो इस निर्माण के दर्म्यान व्यतीत हुए, वे क्षण ही असली मूल्य है उसका, उसको खरीदा–बेचा नहीं जा सकता। वही सृजन है वस्तुतः। यह सृजन किसी कृति का नहीं बल्कि आत्म सृजन है। यह आत्मसृजन ही मुख्य बात है– कृति तो गौण है।

पहले ही कहा है कि मैं जीवंत हो उठा था। रज़िया और रजनीश दो–दो प्यार के साथ एक साथ जी रहा था। कोई मेरे जीवन में आ चुका था जिससे जीवन में एक मूल्य आ जाता है।

सन् 1970 के आते–आते मेरा गृह त्याग सुनिश्चित हो गया। तिथि भी तय हो गई एक दिन इस प्रकार रायपुर का जीवन समाप्त होकर एक नये जीवन का प्रारंभ हुआ। सन् 1970–71 की बात है।

ऐसा कहकर स्वामी जी थोड़ा रुकें। ज्योंही मेरी एम०ए० की परीक्षा समाप्त हुई और बंबई से आचार्य जी का पत्र आया कि बंबई आ जाओ, संन्यास की तैयारी करके। यह सन् 1971 की बात है।

पिता जी का उपदेश

मैं तो पहले ही निश्चित करके बैठा हुआ था। पत्र पाते ही मैं दूसरे दिन रवाना हो गया। रवाना होने के पहले दिन शाम को मेरे पिताजी मेरे पास मेरे कमरे में आए। जीवन में यह पहला अवसर था जब हम दोनों आमने–सामने खड़े थे। उन्होंने पूछा कि सुना है कि तुम बंबई जा रहे हो और संन्यास की भी योजना है। मैंने वह पत्र उनके हाथो में दे दिया। वे पढ़े और चेहरे का रंग उड़ गया। मैंने देखा कालिमा उतर आई थी। वे बोले कि ठीक है लाईन तो अच्छा है लेकिन कठिन बहुत

है, यदि निभा सको तो जरूर जाओ। हम रोकने वाले नहीं हैं, आगे जैसी तुम्हारी मर्जी। वैसे तो हम अभी कल ही तुम्हारी सगाई (लगन) करने जा रहे थे। लेकिन अब नहीं होगी। मेरे और मेरे पिताजी के बीच यही कुल बातें है जो संपूर्ण जीवन मे हो सकी। ऐसा कहकर वे चले गए। मैं चुपचाप खड़ा रहा। थोड़ी देर बाद मैं भी बाहर निकल पड़ा।

इस घटना के बहुत पहले जबलपुर आने–जाने के दौरान एक बार आचार्य जी ने कहा था कि वे एक अभिनव संन्यास की कल्पना कर रहे हैं। वे समय आने पर शीघ्र ही उसे प्रारंभ करेंगे, देश में कुछ युवक चाहिए जो इस काम की नींव का काम कर सके, अतएव वे चाहते है कि मैं भी उनके काम में जुट जाऊँ। मेरे मुँह से सहज ही निकल पड़ा था कि जब आवश्यकता हो कह दीजिएगा। फिर दिसंबर 1969 में उन्होने मनाली में एक ध्यान शिविर के भीतर ही यह संन्यास चालू कर दिया। कुल 10–12 लोगों ने यह ग्रहण किया।

आचार्य के स्थान पर भगवान शब्द का प्रयोग

इसी शिविर में रजनीश जी ने अपना आचार्य पदवाचक शब्द त्याग कर भगवान शब्द जोड़ दिया। अब वे आचार्य रजनीश की जगह भगवान रजनीश कहे जाने लगे। और उनका यह अभियान रोज गति पकड़ते गया। वे बंबई के अलावा अहमदाबाद, पूना, आबू जहाँ भी वे होते थे यह काम जारी रहा। संन्यासियों की संख्या बढ़ती गई। अनेक जो समीप थे वे साथ होते गए। अनेक जो दूर थे वे पास आते गए।

यह संन्यास था भी अभिनव। वैसे तो अभिनव इस लीला भूमि में कुछ भी नया नही है। लेकिन कुछ समय के लिए हर चीज नई होती है। तत्वतः तो सब समान है लेकिन बाह्यतः सभी असमान है। यही भेद का आधार है। समय और आयाम (Time & space) के भीतर सब हो रहा है असल में यहाँ हर चीज युगपत् है।

नया भी, नया नही भी।

जिस दिन घर छूटा उसके एक दिन पूर्व की बात है मैं सुबह–सुबह चुल्लू गुरू की दुकान पर बैठा था। तब सामने सड़क पर एक व्यक्ति गुजर रहे थे। वे आगे निकल गए फिर लौटकर वापस आए और मेरे सम्मुख खड़े होकर कहने लगे– महाराज मैं आपका हाथ देखना चाहता हूँ। मैंने हँसी–हँसी में हाथ दिखा दिया। वे देखकर तुरंत बोल उठे कि महाराज आप तो चौबीस घंटे के भीतर घर छोड़ रहे हैं। मैं हतप्रभ हो गया। लेकिन पूर्ववत् हँसता रहा क्योकि जो तय है वह तो तय है फिर उसके विषय में जानने न जानने से क्या होता है। मैं तटस्थ रहा। इस भाँति मेरा संन्यास मानों अस्तित्व के द्वारा ही तय हो चुका था। मैं स्टेशन के लिए निकल पड़ा। स्टेशन पर चाचा और मामा छोड़ने आए थे।

जब मैं बंबई पहुँचा। तब सुबह का समय था। वहाँ पेडर रोड पैसे वालों की कोठियों एवं बंगलों वाला रोड था। वहीं बंबई की सबसे ऊँची इमारत woodland नाम से थी। उसके सबसे नीचे वाले पहले ही नंबर के फ्लैट में हम सब रहते थे। आचार्य जी वहीं रहते थे। यह भवन 26 मंजिलों का था।

सुबह जब मैं अंदर प्रविष्ट हुआ त्योंहि माँ योग तरू मिली। उसे अपना नाम बताते ही समझ में आ गया। वे बहुत हर्ष के साथ मिली। फिर क्रांति आई, लक्ष्मी आई और योग चिन्मय जी से भेंट हुई।

मैंने नहा धोकर भोजनादि से निवृत होकर थोड़ा आराम किया। फिर दोपहर दो बजे क्रांति आई और मुझे बुलाकर आचार्य जी के पास ले गई। मैं सिर्फ एक लुंगी पहने उनके कमरे में घुस गया। उन्होंने बैठने का इशारा किया तो बगल में रखे सोफे पर बैठ गया।

कुछ इधर उधर की बातें हुई फिर उन्होंने कहा कि संन्यास के कपड़े पहन कर आओ दीक्षा होगी।

मेरा संन्यास

मैंने वापस आकर गैरिक वस्त्र धारण किए और पुनः कमरे में गया। तब उन्होंने पुनः बैठने को कहा। अब मैं स्वतः ही उनके चरणों के समीप बैठा। वे एक नाम अपने लेटर पैड के कागज पर लिखकर मुझे दिया तथा कहा कि यही तुम्हारा आगे से नाम ''स्वामी चैतन्य वीतराग'' होगा। पुराना सब खत्म। वहाँ उस समय तीन चार संन्यासी मौजूद थे। सबने हर्ष ध्वनि दी। भगवान भी खूब प्रसन्न थे। यह सन् 1971 की बात है।

ध्यान में प्रवेश:

भगवान ने फिर समझाया कल से ध्यान की फिक्र करो। सुबह चिन्मय जी के साथ ध्यान में जाना।

मैं दूसरे दिन ही ध्यान के लिए चिन्मय जी के साथ बालकेश्वर स्थित सागरदीप नामक भवन में गया। यह भवन वुडलैंडस से एक–दो किलोमीटर की दूरी पर था। वहाँ और भी कई मित्र आते थे। करीब पन्द्रह–बीस लोग थे। स्त्री पुरूष दोनों साथ–साथ अभ्यास कर रहे थे।

ज्योंहि यह सक्रिय ध्यान (Dynamic Meditation) शुरू हुआ– मैं भौंचक रह गया। जिस ढंग से ये लोग श्वास–प्रश्वास ले रहे थे– वह भयोत्पादक था। मैं तो घबरा ही गया। फिर दूसरे चरण में जो क्रियाएँ वे करने लगे वह तो और भी विचित्र थी। सब यूँ ही देखता रहा। फिर हम लोग लौट गये। फिर तो बाद में मैं नियमित जाने लगा और संकल्प पूर्वक करने लगा।

वुडलैंडस में थोड़े दिनों के बाद दिल्ली से हरीश (स्वामी चैतन्य भारती) आए। वे भगवान

के फोटो लिया करते थें।

इसी बीच भगवान के साथ नियमित एक बार कम से कम भेंट रोज ही होती थी। वे स्वयं किसी न किसी बहाने से अपने समक्ष बुला लिया करते थे।

एकाध बार तो रात्रि में सोते से जगाकर बुलवा लेते थे। मैं तो अर्द्धनिद्रा में होता था– लेकिन वे कुछ बोलते थे– और बहुत धीरे बोलते थे वह मैं ठीक से सुन भी नहीं सकता था लेकिन जो कुछ भी था उनका प्रेम अक्क्षुण था।

भगवान और मेरे बीच यह जो समीपता की सृष्टि हुई थी– शायद वह किसी और लक्ष्य के लिए थी– वह बाद में अनुभवों से प्रकट होने लगा।

भगवान की प्रवचन मालाएँ:–

उस समय भगवान की महावीर की वाणियों पर प्रवचन हो रहा था। बम्बई के पाटकर हॉल में टिकट लगे थे।

उसके पूर्व जब मैं भगवान के साथ था तब गीता पर प्रवचन हुए थे। क्रॉस मैदान में लगभग पचास–साठ हजार लोग सुनने आए थे। विराट आयोजन था।

मुझे दो–एक बार भगवान अपने साथ ले गए थे। फिर तो भगवान ने न जाने क्यों मुझे ठीक अपने पीछे बैठने का आदेश दे दिया था। मैं तो उनके हर आदेश से प्रसन्न था।

प्रथम दिन की घटना:–

जिस दिन पहली बार मैं गया था। उस दिन दूर पुस्तकों के पंडाल के पास ही खड़ा रहा और बहुत संन्यासी लोग मंच पर भगवान के पास कीर्तन में हिस्सा ले रहे थे। मैं रो उठा। मैंने भगवान को भी झूम–झूम कर तालियाँ बजाते देखा यह देखते ही मेरे अंदर एक धिक्कार उठा कि गुरू स्वयं सम्मिलित है इस रास में और तू यहाँ बैठे बैठे तटस्थ देख रहा है– जैसे बड़ा बुद्धिमान हो गया।

ऐसा सोचते ही एक वेग उठा भीतर और आँसुओं की धार बह निकली। भगवान तब तक वुडलैंडस पहुँच कर अपने कमरे में आराम कर रहे थे। मुझे भगवान के पास पहुँचाया गया। उन्होंने मेरे सिर पर हाथ रखा तथा मेरी बातों को सुना। और मेरे पूछने पर कि मैं क्यों नहीं नाच सका– जबाब में उन्होंने कहा कि जरूर नाचोगे और खूब नाचोगे, और यही हुआ बाद में।

माया से भेंट:–

इधर नारायण वाड़ी के संन्यासी मित्र बाकी समय कोई कहीं कीर्तन आदि का कार्यक्रम करते थे या कहीं घूमते–फिरते थे। मैं अक्सर वहीं पड़ा रहता था।

एक दिन संध्या समय एक घटना घट गई। जो मेरे शेष जीवन के लिए बहुत महत्वपूर्ण घटना बन गई। बात असल में यह हुई कि दो–एक दिन पूर्व ही भगवान ने कमरे में आजोल के सभी संन्यासियों को बुलाकर एक संक्षिप्त सी बात संन्यासी का जीवन और असुरक्षा पर सुनायी और आजोल आश्रम को भंग करने की बात कही तथा लोगों को कहा कि वे अपनी–अपनी कोई व्यवस्था बना लें। मैं भी उस मीटिंग में था। यह संयोग ही था। मेरी संवेदना में एक पीड़ा उठी कि युवकों की बात और है लेकिन इन लड़कियों का क्या होगा? लेकिन बात मेरे साथ तो कुछ नही थी। अतः चिंता की लहर नहीं उठी।

बाद में दूसरे ही दिन शाम को मैं नारायणवाड़ी की छत पर अकेला शांत खड़ा था। संन्यासी मित्र कुछ बाहर गये हुए थे। कुछ वहाँ थे।

छत पर उसी समय एक संन्यासिनी आई। वह वही थी जो कभी जैन साध्वी रह चुकी थी। मैंने उसे आया जान उससे पूछ लिया कि सब लोग अपने–अपने जगह लौट जाएंगे, वह कहाँ जा रही हैं।

तब जो उसकी सूरत देखी तो मैं भीतर से काँप गया। मैंने देखा कि उसकी आँखों में आँसू थे। वह कोई निर्णय नहीं ले पा रही थी।

पूछने पर पता चला कि घर पर माँ–बाप, भाई सब है लेकिन वे उसे मृतवत् मानते हैं क्योंकि उसके कारण परिवार के लोगों को समाज के बीच काफी लांछना लगी है। वे उसे कभी नहीं स्वीकारेंगे तथा साध्वी लोग भी उस भाँति नहीं स्वीकार सकती जिस भाँति आई थी। सम्मान की जगह घोर अपमान ही होगा।

अतः मैंने देख लिया कि उसकी स्थिति अत्यन्त डाँवाडोल है। मैंने सहज ही उसके सिर पर हाथ रख दिया। मैंने कहा कि तुम घबराओ मत। तुम अकेली मत समझो स्वयं को। मैं साथ हूँ। तुम मेरे साथ रहोगी। जो प्रारब्ध में लिखा है उसे तुम और मैं देख लेंगे। लेकिन आँसू नहीं गिराओ। इसकी अब कोई जरूरत नहीं है।

आगे से कभी क्षण मात्र के लिए भी मत सोचना कि तुम अकेली हो या तुम्हारा कोई नहीं है। जिसका कोई नहीं, उसी के तो भगवान होते हैं। बस जरा शांत रहो और देखो कि क्या होता है।

इस तरह उस शाम को यह संकल्प जाग गया कि जिस संन्यास में मैं जाने निकला, जो कल्याण भावना मेरे मन में थी दुनियाँ के लिए वह मिथ्या है यदि मैं एक व्यक्ति को भी प्रेम न दे सका, ऐसा विचार उठने लगा।

यह कुंडलिनी जगाना, यह दुनियाँ के प्रति प्रेम, ईश्वर की आराधना सब बेकार है यदि जो शरणागत है उसे शरण न दे सका तो– ऐसा सोचकर मैं एक नई यात्रा के लिये तैयार हो उठा था।

इस प्रकार माया के साथ मेरा संपर्क हुआ जो मेरे जीवन की एक अति महत्वपूर्ण घटना घटी।

मेरी शव साधना:

रायपुर में रहने के दौरान एक दिन मैं राह पर जिस दिशा में जा रहा था उसी पर सामने ही एक शव यात्रा चल रही थी। मैं पीछे–पीछे चलते हुए विचार करने लगा कि यह शव यात्रा जरूरी नहीं कि जो सोया है उसमें उसी का हो।

यह यात्रा किसी भी क्षण, किसी व्यक्ति की यात्रा हो सकती है। किसी भी क्षण यह कोई भी हो सकता है, मैं भी। किसी क्षण की कोई गारंटी नहीं किसी के लिए।

थोड़ी देर पूर्व तक यह भी नहीं सोचता रहा होगा कि यह यात्रा उसकी हो सकती है। हाँ दिमागी तौर पर भले ही वह स्वीकारता रहा होगा, समझता रहा होगा, लेकिन मानता नहीं रहा होगा। यह मानना कठिन है। यह किसी–किसी को होता ही होगा। यह सोचते–सोचते मैं खो गया।

मै एकदम वही हो गया लगने लगा कि मैं ही सोया हूँ। मेरी ही शवयात्रा है और ये लोग मुझे कंधा देकर चल रहे हैं और थोड़ी देर में ही ये मुझे छोड़कर वापस आ जाएंगे और पुनः अपने–अपने काम में जुट जाएंगे। फिर कोई नहीं जानेगा कि अमुक–अमुक नाम का एक आदमी, एक चीज भी कहीं थी।

सब होना मेरा एक–ब–एक बदल सा गया। मैं घर पहुँचने तक बहुत गंभीर हो चुका था। मैंने विचार किया कि ऐसा यदि हो कि किसी व्यक्ति को पता चल जाये कि अमुक–अमुक तिथि को वह कूच कर जाने वाला है, तो बाकी समय में वह क्या करेगा। तुरंत ख्याल आया कि वह शुभ कर्मो में प्रवृत होगा जो सबसे जरूरी है जीवन में, उन कर्मो में जुट जायेगा। और मुझे जैसे रास्ता मिल गया। मैंने उसी क्षण तय किया कि जीवन में श्रेयस (पुण्य, सर्वोतम) का मार्ग पकडूँगा। इसके पूर्व श्रेयस और प्रेयस (प्रिय) में भेद अच्छी तरह समझ गया था शास्त्रों से।

बाद में मैंने देखा कि एक निर्णय उन भीतर से, कि तू आज से समझ ले कि तेरी दाह क्रिया हो गई है और तू अब एक शव के समान कुछ भी करने से असमर्थ है। हाँ, अब तू एक शव है जो दैहिक अर्थो में भले ही जलकर राख न हो गया हो, फिर भी जिसका अब कोई भविष्य नहीं है। एक सूखे पत्ते के समान जो बस अपने सब संबंध छोड़ चुका हो। रह गया था सिर्फ एक द्रष्टा– एक आँख जो अब वह सब देखेगी जो शेष जीवन में होना बाकी है, सिर्फ देखेगी। प्रतिक्रिया कुछ भी न कर सकेगा। सब सहेगा– इस देह के बिखर जाने तक, लेकिन प्रतिक्रिया न हो सकेगी। क्योंकि कौन करेगा प्रतिक्रिया, वहाँ तो देह में कोई था ही नहीं जो कह सके यह ठीक है या गलत है, यह प्रिय है और यह अप्रिय है। अब यह स्थिति कुछ इस कदर बढ़ गई और मेरा जीवन एक नये ही अनुभव से भरता गया।

सब वे कर्म जो अहंकार जनित हो सकते हैं धीरे–धीरे जाने लगे। रह गये सिर्फ अति आवश्यक काम जो जीवन के लिये सहयोगी है, लेकिन एक बात साफ रही कि बोलना कुछ नहीं, तभी गोरखनाथ की यह उक्ति पढ़ने में आई।

साधो, दुनिया में ऐसे रहना,
आँखो देखना,
कानों सुनना,
मुख से कुछ नहीं कहना।

इस स्थिति का विस्तार होता गया। वह फिर कभी नहीं टूटा, मैं देखता चला गया, इस देह के साथ होने वाले घात प्रतिघात को।

इसी दौर में श्री रजनीश जी का एक पत्र आया जिसमें लिखा था कि कैसी विनम्रता और कैसा अहंकार– जब से उसे जाना है तब से उसी की विनम्रता और उसी का अहंकार। और अब तो जो है– वही है।

उसके होने का बोध और मैं के न होने का बोध दोनों साथ–साथ बढ़ते गए।

आचार्य अभिनव गुप्त

आचार्य अभिनव गुप्त का परिचय मेरे जीवन के लिए साक्षात् सद्गुरू का परिचय था। जैसे जैसे मैं उसके विषय में समझता गया वैसे–वैसे उनकी विराटता का बोध होने लगा। एक समय तो ऐसा आया कि उनके समक्ष मुझे सारे महान दार्शनिक एवं योगी जन छोटे लगने लगे। अपने समय के विद्वत समाज के आचार्य अभिनव गुप्त 'शेषावतार' के नाम से जाने जाते थें। अजेय एवं अज्ञेय हो गए थें वे अपने योगबल से। वे स्वयं परम शिव, सदाशिव, महेश्वर, रसेश्वर आदि के नाम से प्रख्यात थें।

इनका देहत्याग अद्भुत विलक्षण ढंग से हुआ। कहा जाता है कि वे अपने बारह सौ शिष्यों के साथ एक गुफा में प्रवेश कर अदृश्य हो गए। सब के सब एक साथ कहाँ चले गए फिर कभी किसी को इसका पता नहीं चला।

बंबई के मित्र

बंबई में एक दिन मैं भगवान से भेंट करने गया था। साथ में माया जी एवं जगशी भाई थें। मैं माया जी के साथ दो दिनों पूर्व जगशी भाई के घर पर ही बातें कर रहा था। आबू हमारा जाना–आना होता रहा है। जाते हैं तो सीधे शिविर में लग जाते हैं। फिर वापस लौटना हो जाता है। हमलोग आबू तो देख नहीं सके। अतः इस बार दो दिन पहले ही चले जाने से दो–एक दिन मौज मना सकते हैं– घूम फिर कर देख सकते हैं।

माया को भी यह बात अच्छी लगी। भगवान से भेंट करने पर उन्होंने कहा कि इस बार आबू चल रहे हो न, तो ऐसा करो कि दो–एक दिन पहले चले जाओ ताकि मौज से घूम फिर सको– नही तो शिविर के समय पहुँचने से शिविर ही शिविर में सारा समय निकल जाता है।

इस बात को कहते समय उनके चेहरे पर रहस्यपूर्ण मुस्कान खेल रही थी। भगवान ने पहली बार हमारे समक्ष प्रकट किया था कि चाहें कहीं भी, कितनी दूर रहें उनसे, वे हमें देखते हैं, सुनते हैं।

रहस्य की बातः-

आबू का एक कैंप था अंग्रेजी में। कैंप के दौरान भगवान से भेंट करने का एक पृथक सुअवसर मिला। मैं और माया भी गए थे। दोपहर का समय था। हम दोनो भीतर गए। भगवान अपनी कुर्सी पर बैठे थे। हम लोग जाकर उन्हें प्रणाम करके सामने ही तीन–चार फीट की दूरी पर बैठ गए।

फिर भगवान ने कहना शुरू किया कि सुना है कुंभ के अवसर पर हरिद्वार जा रहे हो, और वहाँ दो–तीन माह रूकने का विचार है, पास में पैसे और कोई साधन भी नहीं होंगे तो कैसे चलेगा। माया भी साथ है। अतः ऐसा करों कीर्त्तन मंडली भी जाएगी वहाँ और वे लोग चाहते है कि तुम भी उनके साथ रहो– कोई असुविधा नहीं होगी।

तब प्रकटतः मैंने इतना ही कहा कि आपसे वे लोग पहले ही शिकायत कर चुके हैं कि मैं उनके काम में कोई योगदान नहीं देता और उलटे मेरे होने से उनको काम करने में दिक्कतें भी होती है। वे कहते कुछ और हैं और मैं कुछ और ही कहता हूँ। सुनने वाले मुझे सुनने लग जाते हैं, वे मेरे पास आकर बैठने लगते हैं, उनसे पूछने के बजाये वे प्रश्न मुझसे पूछते हैं। वे महत्व मुझे देते हैं तो मैं क्या करूँ? मैं तो नहीं चाहता ये सब। साथ रहने से मुझे तो कोई आपत्ति नहीं, आपत्ति तो इन लोगों को हो जाती है। अतः मैं चाहता हूँ मै अकेला घुमू–फिरूँ।

भगवान ने पुनः कहा कि– लेकिन दो तीन माह का मामला है, खर्च चलेगा कैसे। यदि मंडली में सम्मिलित हो जाओगे तो सब हल हो जायेगा। वे मुझे बार–बार सुविधा दिखाते थे– और मैं बार–बार स्वतंत्रता की बात करता रहा।

अंत में मैंने उनसे कुछ बातें प्रकट नहीं, मन–ही–मन में कही– मैंने कहा कि मुझे डरा रहे हो, मुझे प्रलोभन दे रहे हो, मुझमें संशय पैदा करने की कोशिश कर रहे हो– लेकिन यह सब नहीं होगा, यह आप सुन लें।

मैने अच्छी तरह समझ लिया है कि चाहे खीर–पूरी मिले या रूखी–सूखी चाहे महल मिले या कुटी, चाहे जीवन मिले या मृत्यु– अब सब तो आपके ही एकांउट से लेना देना है, मेरा क्या है अब। आप ही कर्त्ता, भोक्ता, सब हो। फिर भी मुझे हिला रहे हो। मैं हिलूँगा नहीं आप चाहे जितना जोर लगा लें।

फिर वही चिंगारी

बस इतना मेरा कहना था हृदय में फिर वही चिंगारी जो जबलपुर में एक बार उनकी आँखों से निकलकर मेरी आँखों में चली गई थी।

उनकी आँखों में चिंगारी निकली– परमाणु सरीखा और निमिष मात्र में ही मेरी आँखों में घुस गई। वही माया के साथ हुआ। फिर दैवी शक्ति से अनायास चुंबक जैसे लोहे को खींच लेता है, ठीक वैसे ही मैं और माया दोनों खिंच गए उनके चरणों की ओर और क्षण मात्र में ही उनके पैर हमारे हाथों में थे। एक पैर मैं दबा रहा था और दूसरे को माया।

यह सब किसी शक्ति के द्वारा रहस्यमय ढंग से हुआ। वे इतना जोर से हँसे कि उनकी दोनों आँखों के कोर से आँसू ढरक गए। इतनी प्रसन्नता प्रकट करते मैने पहली बार देखा था।

बाद में उठने के पूर्व उन्होंने कहा कि अब तुम काफी भटक लिए हो– तुम्हारे लिए एक आश्रम की व्यवस्था हो जाये तो जल्दी बिठा दूँगा।

अभी तुम अपने हिसाब से ही रहो, हरिद्वार भी अकेले जाना हो तो अकेले जाओ। तुम ठीक कहते हो, इन लोगो के साथ दिक्कत होगी। और जब आश्रम में बिठा दूँगा तो लोग जो व्यवस्था करने वाले होंगे, उनका जरा ख्याल रखना। इस बात को सुनते ही पुनः मेरे हृदय में एक प्रत्युत्तर उभरा कि बस यही बात फिर करने लगे– जो मुश्किल है। तब भगवान बोलें कि मैं प्रसन्न हूँ तुमसे – जैसा तुम्हें रूचे वैसे ही रहो।

लेकिन एक बात सदैव याद रखना कि बुद्धि से मुझे जो पकड़ने की चेष्टा तुम लोग करते हो न इसी से गड़बड़ा जाते हो। ऐसी गड़बड़ी पैदा करना ही मेरा काम है। अब आगे से तुम कभी भी मुझे बुद्धि से मत देखना। ऐसा कहते हुए खूब–खूब आशीष देते हुए हमें विदा किया।

फिर बाद में हरिद्वार जाना हुआ। वहाँ बड़े ही चमत्कारिक ढंग से हमारी व्यवस्था बैठ गई। यह सन् 1975 की बात है। जनवरी से मार्च तक मांऊट आबू हमलोग कलकत्ता होकर आए थे। कलकत्ता में हम लोग कुछ शिक्षकों की मदद से व्यवस्था के अन्दर एक धर्मशाला में रह चुके थे।

कलकत्ता के मित्रों ने कभी कोई कमी नहीं की बड़ी सावधानी एवं उदारता के साथ मेरे लिए तत्पर होकर सेवा करते रहे। वे लोग सचमुच बहुत प्यारे थे। पढ़े–लिखे थे, सब समझते थे लेकिन मेरे प्रेम में पड़ गए। श्री उपाध्याय जी ने मन ही मन अपना गुरू ही मान लिया। जबकि वे ही उन सबमें सर्वाधिक सुयोग्य शिक्षक एवं अधिकतम I.Q रखने वाले प्रतिभाशाली व्यक्ति थे लेकिन वे भी क्या करें।

ऐसी विचित्र घटना उनके साथ सद्गुरू लीला से घटित हो गई कि वे सब प्रेम में फँस ही गए। वे कहते थे कि जब वे मेरे कमरे में प्रवेश कर ही रहे थे तब उन्होंने मुझे वहाँ बैठे नहीं देखा बल्कि मेरी जगह उन्हें श्री श्यामाचरण लाहिड़ी महाशय जी दिखाई पड़े। वे इस बात पर न तो विश्वास कर सके न अविश्वास। बस इतना प्रभाव पड़ा कि इसके पूर्व वे कभी– किसी साधु–संन्यासी के पास नही गए थे। लेकिन अब सरल हो गए, मेरे पास भी अन्य मानसिकता के साथ ही आए थे और बड़ी सरलता से हृदय में इस बात को स्वीकृति दे दी कि हो न हो ये स्वामी जी युवा जरूर दिखते हैं– लेकिन अंदर से कोई दिव्य महात्मा हो। उनका नाम हृदय नारायण था। सचमुच ही

उनके हृदय में नारायण का वास था तभी तो इतनी सरलता व्याप्त हो गई। गणित के वे विशेषज्ञ थे।

हरिद्वार नगर कुंभ के समय बहुत व्यस्त हो जाता है। वैसे तो बारहो मास कुछ न कुछ स्नान, व्रत आदि होते ही रहते हैं लेकिन कुंभ के अवसर पर भीड़ देखने लायक होती है। तीस लाख लोग करीब एकत्र हुए थे, लाख से ऊपर तो साधु संन्यासी थे।

मैं और माया दोनो जोड़ी से घूमते रहते थें। जिधर से गुजरते हमें सम्मान से देखा जाता था। लोग बड़े प्रेम से स्वीकारते थे। और कुछ–न–कुछ सेवा के लिए आग्रह करते थे। हमारा समय ठीक–ठाक बीत रहा था।

माँ आनन्दमयी के प्रथम दर्शन

उसी कुंभ में प्रथम बार माँ आनन्दमयी के दर्शन किए। जन्मों की प्यास बुझी थी। माँ को पहले शाही में देखा था। बाद में जाकर कनखल में उनके आश्रम में दर्शन किए।

शिष्य की दुविधा पर सद्गुरू से एक चर्चाः–

कुंभ मेले के विषय में भगवान के साथ माऊंट आबू में जो बातें हुई थी, उसका परिणाम देखने में आया। माऊंट आबू में उनकी बातों को सुनकर मैंने कहा था कि आप एक बार अपने ढंग से चलने की सलाह देते हैं और ठीक उसी वक्त ठीक विरोधी बात भी कहते हैं। इससे शिष्यों को तो बड़ी उलझन होगी।

मैं कैसे जानू कि आपका मंतव्य क्या है, आप किस बात से प्रसन्न हैं।

कभी कभी अनुभव में आया है कि आप किसी काम को करने के लिए कह रहे होते हैं, लेकिन उस काम को करने से शिष्य चूकेगा, यह भी बात साफ रहती है और यदि नही करता है तो यह उसका अपराध होगा और आप सचमुच ही अंदर से चाह रहे होते हैं कि यह काम नहीं किया जाए। इसी में शिष्य का विवेक है। लेकिन शिष्य तो इस बात का अनुमान लगाकर ही चलेगा। शब्दों में तो उसे आदेश उल्टा ही दिया गया है। शिष्य तो शिष्य है। बालक है।

उसे गुरू की प्रसन्नता को तो देखना ही होगा। वह गुरू की खुशी–नाखुशी को ही ध्यान में रखकर तो चलेगा। गुरू ही तो शिष्य के इष्ट हैं और आप हमारे इष्ट हैं। आपकी प्रसन्नता यदि किसी काम में नहीं हुई तो शिष्य के लिए वह अपराध ही होगा। अब कब आप अपने हृदय में जो है वही बोल रहे हैं और कब हृदय में जो है, उससे अन्यथा बोल रहे हैं, यह शिष्य कैसे जानेगा। उससे चूक होना बहुत संभव है। वह तो गड़बड़ा ही जायेगा। आपके शब्दों को प्रमाणिक मानने से चूक होना निश्चित है तो मैं क्या करूँ यह समझाइए या मुझे अनुमति दें कि मैं आपके शब्दों को ध्यान में न रखकर अपने हृदय को ध्यान में रखकर ही आपकी प्रसन्नता को तय करूँ।

भगवान खूब खिलखिलाकर हँसे थें। उनकी आँखों से आँसू बह चले थें। वे अति प्रसन्न हो

उठे थें। कहने लगे कि यही तो मैं चाहता हूँ कि तुमलोग जो बुद्धि लगाते हो वह गड़बड़ हो जाये और उनकी आँखों से अमृत झरने लगा। और इसी का परिणाम था कि मैने पूर्णतः असुविधा और अकेले होने का चुनाव किया था तथा उल्टे सुविधा और पूर्ण सुरक्षा में रहा। यह एक रहस्यपूर्ण अनुभव था।

मेरा कलकत्ता आश्रम पहुँचना:

फिर जून में ही हम कलकत्ता के लिए रवाना हो गये। वहाँ स्टेशन पर आसोपा जी आए हुए थे। वे सीधे हमें केन्द्र पर ले गए। तब तक महेश योगी और संगीता जा चुके थे। कृष्ण सरस्वती जी अकेले रह रहे थे। सो हमलोगों को वहीं (केंद्र) पर ही उतार दिया आसोपा जी ने। पहले तो हमें कुछ पता नहीं चला कि कृष्ण सरस्वती को कोई दिक्कत है वहाँ मेरे रूकने में लेकिन बाद में तीन–चार दिनों के बाद ही पता चल गया की वह कुछ कारण बता रहे हैं जिसके हिसाब से मैं वहाँ ठहर नहीं सकता। जिसमें एक कारण तो वहाँ रूकने की मासिक फीस तीन सौ रूपये प्रति व्यक्ति मैं नहीं दे सकता, यह भी था।

मैं तो यह सुनकर हतप्रभ रह गया क्योंकि कृष्ण सरस्वती को मैं अपना मित्र समझता था। मैं उसके इस व्यवहार का कारण नहीं समझ सका। संयोग की बात है, उसी दिन शाम में आ कर आसोपा जी ने छः सौ रूपये कृष्ण सरस्वती को दे दिए।

कुछ ही समय के बाद कृष्ण सरस्वती को उसकी अमरीकन पत्नी माँ योग प्रतिमा के साथ न्यूयार्क रवाना कर दिया। इस प्रकार श्री कृष्ण सरस्वती के साथ मेरे संपर्क का अंत हुआ।

वह एक मित्र भी था एक विरोधी भी। लेकिन आदमी जिंदगी में यह सब करते हुए यह नहीं सोचता कि दोनों का अंत हो जाता है। चाहे पुण्य करो या पाप। अंत में सिर्फ परमात्मा ही रह जाते हैं। शेष सब राख हो जाने को बाध्य है। मैं तो सदैव एक जैसा रहा, चाहे किसी ने मित्रता की हो या कुछ अन्यथा। क्योंकि मैं प्रतिक्रिया शून्य हो गया था। मैं सिर्फ देखता था और एक गतिविधि हो जाती थी। मेरा चुनाव होता नहीं था। जो होता था, हो जाता था।

'हरि अनन्त हरि कथा अनन्ता'।

कलकत्ता प्रवास एक प्रशिक्षण:

संन्यासोपरान्त मेरा कलकत्ता प्रवास बहुत सूक्ष्म ढंग से भगवान का एक प्रशिक्षण ही था। मैं साफ अनुभव कर रहा था कि भगवान मुझे दूर रख कर एक अनुभव से गुजार रहे थें, जिससे मैं सर्वथा अनभिज्ञ था। पूरे संसार में उतारा उन्होंने। मैं उतरा भी। डरने की बात तो थी ही नहीं। अतः मै पूर्णतः शांत और अडोल बना रहा। हाँ, बाहर बाहर जीवन अवश्य परिवर्तित होता रहा। मैं संकोच छोड़ता गया।

मैं एक प्याज की भांति पर्त दर पर्त उघड़ता गया– अंत में शून्य बचता है। शून्य लेकिन स्मृति युक्त – शून्य लेकिन सबोध शून्यता। आनन्द और उल्लास युक्त शून्यता।

लामा करमपा से भेंट:

लामा करमापा से कलकत्ता के ग्रांड होटल में भेंट हुई थी। वे वहाँ दस पन्द्रह दिन ठहरे थें। मुझे खुब प्रेम करते थें। पास ही बिठाते थें।

तिब्बत में बौद्ध धर्म का जो स्वरूप है जो संघ का स्वरूप है, उसमें लामा बहुत सम्मान से देखे जाते हैं। श्री दलाई लामा वर्तमान में सर्वोच्च पद को सुशोभित करते हैं।

तिब्बत एक रहस्यपूर्ण जगत है। दुनियाँ में श्रेष्ठतम विकास चेतना वहीं हुआ है। यह विचित्र लोक है। यहीं भारत के श्रेष्ठ साधकों, योगियों की साधना स्थली ज्ञानगंज है। यह एक सूक्ष्म आश्रम है। अदृश्य है, अवांछित लोगो की दृष्टि में लेकिन वांछित साधको के लिए वहीं दृश्य है। भगवान श्री रजनीश ने बार–बार कहा है कि वे विगत जन्म में तिब्बत में एक लामा थें।

देवेन्द्र सिंह:

मैं जब कलकत्ता पहुँचा तब तक मेरा बोध जाग्रत हो गया था। मैं जहाँ तक समय का प्रश्न है, पूर्णतः परिपक्व हो गया था। एक साफ परिपक्वता पैदा हो गई थी।

लेकिन वहाँ जिन लोगों से परिचय हुआ उस परिचय से एक नये किस्म की संज्ञानता का समावेश हुआ। नया ही अनुभव का दायरा खुल गया।

कलकत्ता प्रवास में उसी समय एक युवक सरदार देवेन्द्र सिंह ध्यान करने आया–जाया करता था। वह मेरे प्रति श्रद्धा रखने लगा और प्रेम में पड़ गया। वह एक अति साधारण परिवार से था लेकिन संस्कार बहुत सुन्दर थे।

मुझे याद आती थी एक दुकान जहाँ मैंने अपने सबसे पहली कलकत्ता यात्रा में घड़ी में पीन लगवाई थी। मैंने दुकानदार का पूरा हुलिया देवेन्द्र से कहा तो उसने बताया कि वही दुकान है और वे सरदार जी उसके पिताजी थे।

तब मैंने देवेन्द्र से कहा कि लगता है कुछ पूर्व जन्मों का लेना देना है, नही तो मैं तुम्हारी दुकान में बारह वर्ष पूर्व गया था, जब तुम एकदम बच्चे थे और आज फिर तुम मुझसे जुड़ने लगे हो। तो यह घटना मात्र संयोग नहीं, एक पूर्व निर्धारित प्रारब्ध योजना है। ऐसा मैंने कहा और समय की धारा में तो मैंने साफ देखा कि किस तरह वह मुझसे जुड़ा रहा और किस तरह यह निभाता रहा।

वह मेरी सेवा करता था। ध्यान के अलावा वह अन्य समय में भी आकर कुछ न कुछ किया करता था। आश्रम में उसका आना नियमित हो गया। वह कला मंदिर में होने वाले नाटकों में

साउंड रिकॉर्डिंग का काम करता था। वह हमें कला मंदिर के ड्रामा में कभी–कभी ले जाया करता था।बाद में संन्यास ले लेने के बाद उसका संपर्क कला मंदिर के काम से हटता गया तब से वह ज्यादा समय आश्रम में बिताने लगा।

तरूणा से भेंट:

उसी समय कलकत्ता में आसनसोल से आई एक गुजराती लड़की मेरे परिचय में आई। वह यहाँ हिन्दी हाई स्कूल भवन में बी॰एड॰ की पढ़ाई करने आई थी। रहती थी शिक्षायतन में। वहीं कुछ काम करके अपना रहना खाना भी फ्री करवा ली थी। वह ध्यान करने यहाँ आया करती थी। एक दिन उसने आग्रह करके मुझे अपने पास बिठा लिया और अपनी पुरानी कहानी सुनाने लगी।

उसने बताया कि कॉलेज में पढ़ते समय ही राँची में उसका किसी लड़के से प्रेम हो गया था जो लगभग सात साल चला। अंत में यह रिश्ता टूट गया और लड़का अमेरिका चला गया। तब से वह लड़की बहुत ही तनाव ग्रस्त रहती है।

मैंने उसे ध्यान करने की सलाह दी। वह नियमित आने लगी। उसी बीच उसके मन में पूना जाकर भगवान से संन्यास ले लेने का विचार उठा। मैंने समर्थन कर दिया। जब वह संन्यास ले रही थी तब भगवान ने पूछा था कि केन्द्र जाना होता है कि नहीं और वहाँ जाकर स्वामी जी को काम में मदद करना।

वह वापस आकर सब बताने लगी। मैं निर्विकार बना रहा। लेकिन संन्यास लेने के बाद वह थोड़ा ज्यादा ही आने–जाने लगी।

मैं उसे अनेक बार कहता रहा कि शादी कर लेना उचित रहेगा उसके लिए। लेकिन वह मानती नहीं थी। एक दिन बोल बैठी कि ठीक है कर लूँगी। अपने ही जैसा एक आदमी ढूँढ कर ला दो। मैं तो कुछ समझा नहीं।

मैं सब देखता रहा। देखना ही तो एक काम रह गया था। जीवन की धारा बह रही थी और मैं नदी होकर जी रहा था और नदी के किनारे खड़े होकर देख भी रहा था।

देवी का वह दिव्य दर्शन:

प्रयाग कुम्भ सन् 1978

सन् 78 का कुंभ मेला प्रयाग में था। यह मेला देश में चार स्थानों पर होता है। हरिद्वार, प्रयाग, उज्जैन और नासिक में यह मेला प्रति बारह वर्षो के अन्तर से होता है। जब एक स्थान पर कुंभ होता है तो अन्य स्थानों पर अर्द्धकुंभ होता है।

मैं सन् 78 जनवरी माह में प्रयाग में मेले के विषय में कह रहा था। हमलोग प्रयाग के लिए 17 जनवरी को रवाना हुए, 18 को सुबह बनारस पहुँचे। हमलोग शाम में ही इलाहाबाद के लिए

रवाना हो गए। इलाहाबाद में हम लोगों ने रात में पहुँचकर भोजनादि किया। रात्रि विश्राम कर दूसरे दिन 19 जनवरी को सुबह नाश्ता पानी करके मेले के लिए रवाना हो गए।

यह तो कुंभ, पूर्ण कुंभ, प्रयाग का कुंभ था। अतः हमलोग शिव की इस भूमि में आनन्द से मेले के दृश्यों का अवलोकन करते हुए आगे बढ़ रहे थें। मेले में जगह–जगह अखाड़े, आश्रम, पंथ आदि वालों के आवासीय टेंट लगे थे। हमलोग बेघर थे। अतः कहाँ आराम किया जाए, कहाँ बैठा जाये यही सोचते–सोचते काफी दूर आगे बढ़ गए लेकिन मेला अंतहीन जैसा था।

मैने निर्णय किया कि हमें झूंसी क्षेत्र के दक्षिण–पश्चिमी क्षेत्र में जाना चाहिए। मैने दूर से देखकर अंदाजा लगा लिया था कि हमें कहाँ चलना चाहिए और हमलोग नदी को पार करके उस ओर बढ़ चले। हम अपने लक्ष्य पर पहुँचे तो पाया कि वहाँ नदी के किनारे–किनारे करीब सौ चौकियाँ लगी हुई है और अनेक चौकियों पर लोग बैठे हुए हैं। हम लोग भी एक चौकी पर जाकर बैठ गए।

घंटा भर बीता होगा कि वहीं समीप जो पुलिस का कंट्रोल टावर बना था, वहाँ से आवाज आई कि इधर नदी किनारे चौकियों पर जो लोग बैठें हैं, वे सब इस स्थान को खाली कर दें एवं आवासीय स्थलों की ओर चले जाएं। इस स्थान को रिजर्व कर रखा गया है। यह निषिद्ध क्षेत्र है यात्रियों के लिए ऐसी सूचना के साथ ही पचास–साठ पुलिस के जवान लाठी लेकर निकले, वे जाकर एक–एक व्यक्ति को उठा–उठा कर भगा रहे थे।

वे हमारे पास से गुजरते थे, हम उन्हें दिखलाई नहीं पड़ते थे। चमत्कार हो गया था। जब यह सूचना लाउडस्पीकर से आई तो लोगों ने मुझसे पूछा कि स्वामी जी अब किधर चलें। तब मैंने सहास्य जवाब दे दिया था कि जाएंगे कहाँ। यहाँ हमारा कहाँ ठिकाना है। माँ भागीरथी, माँ गंगे के पास आए हैं। हम अपनी इच्छा से कहाँ जाएंगे। वही भगायेंगे, तभी हम जाएंगे। तुम लोग बैठे रहो– जरा देखो कि क्या होता है? मैं पूर्णतः मौज में था। मैं एकदम शांत एवं सहज था। मैं पूर्णतया जागृत था परिस्थिति के प्रति।

लेकिन तब उस क्षण में मैं नहीं जान रहा था किस दशा में ये सब कह रहा था। और चमत्कार था कि पुलिसवाले हमारी चौकी के पास से ही गुजरते रहे और हम उन्हें दिखाई नहीं पड़े।

वे जब सब लोगों को रवाना करके दूर तक भगा आए तब लौटने पर हम लोग उन्हें दिखाई पड़े। वे हमारे करीब आकर कहने लगे कि अरे आप लोग कैसे रह गए। तब मैंने कहा कि कहते हो तो चले जाते हैं। वैसे तो तुमलोग हमारे पास से ही गुजर रहे थे– हम लोगों को क्या तुम लोगों ने नहीं देखा। हम तो यही सोच रहे थे कि तुम लोग हमें देखकर कुछ सोचकर छोड़ रहे हो। उन्होने विनयपूर्वक मुझसे कहा कि नहीं–नहीं आप लोग यहीं रहें– आप तो स्वयं शिवजी जैसे लग रहे है– बाबा हमें कुछ सेवा के लिए कहें। इस प्रकार पुलिसवालों ने हमें बहुत प्रेम से बिठाये रखा तथा आग जलाकर गर्मी की व्यवस्था की। उनके पास चाय की व्यवस्था नहीं थी।

इधर दिनभर हमलोग जो होटल में कुछ न कुछ खा–पी लिए थे। लेकिन माया जी अपने गले के टौंसिल की शिकायत के कारण न कुछ खायी थी, न पी थी। मुझे उसकी फिक्र हुई। मुझे लगा कि यदि इसे एक कप चाय भी मिल जाये तो इसे बहुत सांत्वना होगी।

ऐसा सोचकर शंभू से चाय लाने हेतु अपना डिब्बा दिया। वह और दीनानाथ सिंह दोनों चले गए– और एक डेढ़ घंटे बाद खाली हाथ लौट पड़े। मैं आश्चर्य में था। वे कह रहे थे कि क्या करें सब जगह ढूँढ लिए, सब जगह लोग अपने अपने टेंटों में आराम कर रहे हैं और दुकानें उठ गई है। तीन–चार किलोमीटर घूम आए। कोई तैयार ही नहीं हुआ। यह सुनते ही मैं मर्माहत हुआ।

मैं उसी आवेश में यह सोचने लगा कि यह पुण्य की बेला है। अमृत हो जायेगा , यह पानी जो बह रहा है। सारी गंगा अभी थोड़ी ही देर में अमृत हो जायेंगी। लाखों लोग स्नान करके अपने जन्म, जन्मांतर के पापों से मुक्ति पा जाएंगे। ऐसी महिमा है इस पल की और मैं इसके तट पर एक कप चाय के लिए प्यासा हूँ। माँ सामने है और शिशु प्यासा है। यह कैसा विरोधाभास है। मै आर्त हो उठा और विचार करने लगा कि लोग हजारों–हजारों वर्षो से मानते रहे हैं कि इस घड़ी में स्नान करने के लिए न केवल मनुष्य बल्कि देवी–देवता, यक्षगंधर्व, सब लालायित रहते हैं। और वे सब यहाँ उपस्थित होंगे। संत महात्मा तो अनगिनत होंगे। शरीरी भी, अशरीरी भी। ऐसी तपोभूमि में मैं एक कप चाय के लिए प्यासा। यह कैसी विडम्बना है। मैं मन ही मन एक चुनौती देने लगा कि यदि यह सब सत्य है तो मुझे चाय मिलेगी और चाय आज नहीं मिली तो समझूंगा सब मिथ्या है।

फिर सहसा कह उठा कि दो मुझे डिब्बा, मैं ले आता हूँ। लोग तो चौंके खासकर शंभूनाथ एवं दीनानाथ। मैं आवेश में उठ गया और चलने लगा। शंभु के हाथ में डिब्बा था। वह भी मेरे पीछे चल पड़ा। हमलोग आगे बढ़े। अंधेरा चारो ओर फैल गया था। दूर–दूर तक कुछ भी नहीं दिखता था। मैं आगे बढ़ रहा था। शंभू मुझे रास्ता दिखाने के गर्ज से आगे–आगे चल रहा था।

माँ के दिव्य दर्शन

तभी सहसा एक आवाज आई, ''चाय बाबा'' यह नारी कंठ था। मैं रूक गया और देखा कि एक नारी सुंदर साड़ी में लिपटी आभूषणों से युक्त हाथ में एक बहुत बड़ा थर्मस फ्लास्क लिए खड़ी थी। मैं चौंक गया। यह कौन थी। कैसे वह वहाँ तक आई। कैसे उसे पता चला कि कोई चाय का खोजी इधर से गुजरेगा और इसी समय गुजरेगा। यह सब कैसे हुआ। यह देखकर मैं एक ओर अति आश्चर्य में पड़ गया था। दूसरी ओर तुरंत शंभुनाथ को पुकार कर उसे चाय लेने को कहा और ले लेने के बाद पहुँचने को कहा। हमलोग सौ कदम ही चलके वहाँ तक पहुँचे थे अभी। लेकिन वे लोग शायद हमलोगों की ओर से अनभिज्ञ होकर हमारी ओर ध्यान नहीं दे रहे थे। शंभु चला गया तब तक मैंने सहसा उसकी ओर से अपना पीठ किया लौटने का। लेकिन पाता हूँ कि पैर जैसे किसी ने बाँध दिए हों। मैं पैर नहीं उठा सका।

थोड़ी देर मैं उसी स्थिति में रहा। आँख से आंसू गिरने लगे। मैं गंगा की कृपा पर देवी–देवता की कृपा पर, संत–महात्माओं की कृपा पर, परंपरा की महिमा पर, तीर्थ, व्रत, पूजा–पाठ सब पर अगाध श्रद्धा उमड़ पड़ी थी।

मेरे लिए अनायास एक सर्वथा नये ही लोक का उद्घाटन हो गया था। मैं अनुग्रह बोध के बोझ से दब रहा था। तभी एक भाव बहुत तीव्रता से आया कि कुछ नहीं है, कुछ नहीं है। यह सब कुछ नहीं है। यह तो सद्गुरू कृपा की एक मामूली सी विभूति है। यह सब सद्गुरू की लीला है। वे ही असली कर्त्ता हैं। ऐसा सोचते ही मेरे पैर हल्के हुए और मैंने आंसू पोछ लिए। सोचा कि दूसरों को पता नहीं चलना चाहिए कि मैं रो रहा था। अतः अच्छी तरह से अपनी आँखें पोछकर मैं भी पहुँच गया। तब हम लोगों ने मिलकर चाय पीया। माया जी को चाय पिलाकर मैं अति तुष्ट हुआ। यह चाय था भी तो अमृत ही। स्वयं जगदम्बा माँ गंगा के हाथों जो दिया गया था।

सद्गुरू कृपा

यह घटना मेरे मानस में अंकित तो हो गई। लेकिन कालांतर में भूल गया। क्योंकि सद्गुरू कृपा का यह अद्भुत परिणाम था कि मैं निरपेक्ष होता जा रहा था। इससे मुझे उद्रेक, रोमांच आदि नहीं होते थे। पहले कभी हुए थे। लेकिन तब तक मैं प्रशांति की ओर उन्मुख हो गया था। मैं लगभग निरपेक्ष ही रहता था। अतः विस्मृत कर के रखा तथा बीच में दो–तीन साल किसी से चर्चा करते समय कुछ ऐसा लगा कि यह तो बहुत बड़ी घटना घट गई थी और तुमने इसे कोई मूल्य नहीं दिया। यह ठीक नहीं है। यह घटना कथनीय है। सो कथा कह रहा हूँ। तुम लोग सुन रहे हो। न मैं चुप हो रहा हूँ न तुम लोग सो रहे हो। तुम लोग तैयार हो इसीलिए सुना रहा हूँ। तैयार नहीं रहोगे तो मैं भी कहना बंद कर दूंगा।

"हरि अनंत हरि कथा अनंता"

कलकत्ता केन्द्र की स्मारिकाएँ सद्गुरू की अहैतुकी कृपा–

इस समय तक हम शरणागति, गुरूकृपा, प्रसाद, उत्सव, नैवेद्य, अभीप्सा आदि स्मारिकाएँ निकाल चुके थे और इस बार भगवत्ता निकल रही थी। इसके बाद तथाता और अनुग्रह निकले। इस प्रकार कुल नौ वर्षो में नौ अंक निकले। भारत में सभी केंद्रों से प्रशंसा मिली। अनेक केन्द्रों को इससे प्रेरणा मिली। कइयों को इससे आर्थिक दृष्टि से स्वनिर्भर होने की दिशा मिली। मेरा तो काम चलता रहा। मुझे तो कुछ करना नहीं होता था। मित्र लोग सब व्यवस्था जुटा लेते थे। मैं इस ड्रामें को देखता रहता था। सब ठीक ठाक चल रहा था। बाहर भी भीतर भी।

भगवान के साथ मेरा संग साथ सन् 65 से था। बीस वर्षो का लंबा साथ– मोह तो बन ही जायेगा हम जैसे लोगों को। जब वे जबलपुर में रहते थे तो उनके निवास पर मेरा आना जाना होते रहता था।

फिर वे जब बंबई गये तो बाद में मुझे भी बुला लिया। फिर जब वे पूना गए तो मुझे कलकत्ता में बैठा दिया। इस प्रकार उनका मेरा संग साथ चलता रहा। भगवान का सामीप्य इतना मिला था कि कभी कभी अभी की दूरी मन में टीस पैदा करती है। तो भी मन में यह विचार कर कि भगवान एक हैं– उनके चाहने वाले, उनसे मिलने वाले हजार हैं तो मैं कौन होता हूँ उनसे समय माँगने वाला। फिर मुझे तो पर्याप्त समय मिला है। चाहें आज की स्थिति में हों या निकट अतीत में, लेकिन मिला तो है।

इस बोध के बावजूद कभी–कभी उनसे दूरी फिर भी दुःख पैदा कर ही जाता है। सब समझ कहीं दुबक कर बैठ जाती है और हृदय विरह की आग से धधकने लगता है।

ऐसा ही वह दिन था। मैं स्मारिका की प्रतियाँ लेकर गया था। दूसरे दिन ही दर्शन का समय मिला था। दर्शन में गया तो संयोग से मेरा नाम शांत बैठकर दूर से दर्शन करने वालों में था। मैं बैठकर वहाँ भगवान के दर्शन करता रहा दर्शन पूरा होने पर हम बाहर निकले और एक अच्छे होटल में जाकर खाना खाया। इस तरह मैं सब ढंग से सामान्य ही नहीं खुश भी था। होटल आकर रात होने पर सो गया। मेरे साथ कुछ और लोग भी गये थे। वे भी सब सो गये।

मैं ज्योंही सोने की तैयारी करने लगा त्योंही रात के सूनेपन में मेरे भीतर कुछ रिसने लगा। जैसे कोई घाव फट गया हो। मेरे हृदय में रह–रहकर एक ही बात उठने लगी कि अपने सद्गुरू के साथ कितने समीप का लाभ मैं लेता रहा। कितना प्यार वे उड़ेलते थें मुझ पर– वह सब याद आने लगा।

घंटे दो घंटे बैठ लेता था जबलपुर में। फिर बंबई में भी स्वयं वे ही मुझे अपने कमरे में बुलाकर कुछ न कुछ उपदेश या अपने साथ बैठने का मुझे सुयोग प्रदान करते रहे थें।

आज एक सेकेण्ड के लिए भी सम्मुख बैठकर कुछ बोल सुन सकने में असमर्थ, भाग्यहीन सा महसूस करने लगा। ऐसा करते–करते कब रात बीती यह तो मुझे मालूम नहीं। लेकिन एक बात मालूम है कि रात भर चाहे जागे हुए हो– कि सोये हुए, स्वप्न में हो– लेकिन रात भर साईनाथ, माँ आनन्दमयी और भगवान को याद करता रहा और जब सुबह हो गयी और मैं सोकर उठा तो पाया कि आँखे मेरी गीली है– आँसू शायद रातभर आता रहा।

जब सवेरा हो गया, लोग उठ गये तथा तैयार होने लगे आश्रम जाने के लिए तो भी मैं पड़ा रहा बिस्तर पर। उन्होंने मुझसे पूछा भी कि क्या बात है स्वामी जी, तबियत ठीक नहीं है क्या। क्या आश्रम नहीं चलेंगे। मैंने न में जवाब दे दिया। वे लोग मुझे कमरे में अकेला छोड़कर चले गए।

जब मैं अकेला हो गया तब अचानक कमरा ही शांत नहीं हो गया– मेरे हृदय की अग्नि भी शांत हो गयी। फिर अचानक मेरे हृदय में एक बात उभरी कि अब बहुत हो गया। तुम इस सारे प्रकरण को लक्ष्मी के पास जाकर उससे कहो और एक बात और स्पष्टता से उभरी और वह यह कि मुझे लक्ष्मी माँ के पास जाकर दर्शन के लिए समय नहीं लेना है। वह तो हो चुका कल। हजारों

लोग हैं– सबको अवसर मिलना चाहिए। दर्शन तो बाहरी बात है। भीतर तो प्रभु विराजमान रहते ही हैं। सद्गुरू कब दूर हुए हैं भला। यह सब समझ भी सक्रिय हो उठी थी।

मै पूर्णतः शांत और संतृप्त था। लेकिन जो बात अभी हुई थी रात भर उसे जाकर निवेदन कर देना है।

यही विचार कर मैं थोड़ी देर बाद उठा और जब माँ लक्ष्मी का ऑफिस खुलने का समय हुआ– दस बजे के करीब मैं उनके पास पहुँच गया। मैंने सब बातें ज्यों की त्यों सुना दी उन्हें। वह सब सुनकर बोली– सब मन का खेल है।

मैंने भी कहा कि हाँ माँ, यह सब मन ही है। लेकिन फिर भी प्रेरणा हुई थी कि आपसे कहूँ सो कह दिया। इसका मतलब तो यह कदापि नहीं है कि मैं पुनः दर्शन में जाऊँ। यह मेरा अभीष्ट नहीं है। लेकिन माँ लक्ष्मी ने कहा कि आज दर्शन में आ जाओ। मैं न–न करता रहा लेकिन वह बोली कि नहीं, आज– आ जाओ।

फिर जो चमत्कार हुआ वही इस कथा का मुख्य हिस्सा है। मैं दर्शन में गया। और पुनः शांत बैठकर भगवान को दूर से देखने वालों में ही नाम था मेरा। लेकिन जब नाम पुकारे जाने लगे भगवान के सम्मुख जाने वाले संन्यासियों का तो सबसे पहले अपने नाम को सुनकर मैं परम आश्चर्य में पड़ गया। क्योंकि नियम था कि सबसे पहले आठ–दस नाम विदेशी लोगों के होते थें और फिर आठ–दस नाम भारतीय लोगों के होते थें– जो उस दिन संन्यास लेने आये होते थें। भगवान उन्हें संन्यास देते थें और कुछ बाते करते थें किसी–किसी के साथ। फिर ऊर्जा दर्शन वालों की बारी आती थी। ये भी आठ–दस होते थें। फिर चरण स्पर्श करने वालों की बारी होती थी और इसकी समाप्ति के साथ ही साथ दर्शन समाप्त हो जाता था। बाकी लोग सब बैठे–बैठे यह सब दृश्य देखते रहते थें। मैं उन्हीं बैठने वालों में था।

लेकिन उस दिन चमत्कार हो गया जो नियम तोड़कर मुझे सबसे पहले बुला लिया गया था। मैं तुरंत उठकर अपने सद्गुरू के श्री चरणों के पास बैठ गया। फिर भगवान ने बहुत प्यार से मुझसे कुछ बातें की। मैं उनके चरणों में सिर टिकाकर फिर अपनी जगह जाकर बैठ गया। फिर अन्य कार्यक्रम होते रहे। मैं अपने भाग्य को सोच–सोचकर चकित था। मैं सद्गुरू के प्रेम को सोच–सोचकर विस्मित एवं हर्षित था।

हुआ क्या होगा– असल में माँ लक्ष्मी दोपहर में जब भगवान के पास जाती थी उस समय उन्होंने सारा विवरण भगवान के सम्मुख रखा होगा। तो भगवान (ओशो) ने मुस्कुराकर कहा होगा कि ऐसी बात है तो ऐसा करना कि आज सबसे पहले उसी का नाम पुकार लेना– फिर बाद में समय बचे न बचे। वह कहीं फिर न वंचित रह जायें अतः तुम उसको सबसे पहले बुला लेना। निपट जायेगा और ऐसा ही हुआ।

प्रभु ने अपनी अहैतुकी कृपा करके नियम विरूद्ध होकर अपने वात्सल्य की रक्षा की। ऐसा है हमारे सद्गुरू का हमारे लिए प्रेम। वे अंतर्यामी है।

माँ आनन्दमयी प्रसंग

मैंने बचपन या किशोरावस्था में माँ आनंदमयी का नाम सुन रखा था लेकिन विज्ञान का छात्र होने और चित्रकला तथा साहित्य में रूचि होने से मेरी युवावस्था का समय उसी दिशा में व्यतीत हुआ– साथ ही साथ पढ़ने–लिखने में अत्यधिक रूचि होने से मैं आध्यात्मिक पुस्तकें और योग तथा दर्शन शास्त्र की किताबें भी पढ़ता रहा। उन्हीं दिनों माँ के बारे में भी कुछ पढ़नें को मिला– “An Autobiography Of a Yogi” नामक पुस्तक में।

मेरे नाना गृहत्यागी साधु थें, वे हिन्दू तीर्थों में विशेषतः मथुरा, वृंदावन, हरिद्वार, ऋषिकेश में ज्यादा भ्रमण करते रहें। वे माँ आनंदमयी के पास भी आते जाते रहे, तो उनके मुख से भी माँ का नाम सुनने का अवसर मिला।

फिर भी मेरा अपने जीवन में सद्गुरू भगवान श्री रजनीश जी के पदार्पण हो जाने से मैं अन्य किसी साधु संत या गुरूओं के प्रति कोई आकर्षण महसूस नहीं करता था, हाँ सभी के प्रति मेरे हृदय में सम्मान जरूर महसूस करता था।

एकमात्र अपने सद्गुरू के प्रति इतना आकर्षण था कि मैं हिंदू ब्राह्मण कुल में जन्म पाकर भी कभी किसी देवी–देवता की पूजा अर्चना में मुझे कोई रूचि नहीं रही और न ही किसी देवालय में जाने का मन हुआ– क्योंकि विशुद्ध रूप से बौद्धिक ज्ञान से मैं भरा हुआ था– विशुद्ध रूप से सत्य का खोजी था।

मेरी संन्यासी–दीक्षा मई 1971 में हुई तब से मेरे जीवन में एकमात्र आध्यात्म ही मेरे पढ़ने सुनने का विषय हो गया– अतीत अतीत होकर पीछे छूट गया।

सद्गुरू ने चुपचाप भीतर–भीतर मेरे अंतःकरण को ऐसे सजाया सँवारा कि मुझे पता ही नहीं चला कि कब कैसे मेरा हृदय ज्ञान मार्ग से भक्ति मार्ग की ओर मुड़ गया– कैसे मेरा मन अन्य साधुसंतों, योगियों और भक्तों के अध्ययन की ओर मुड़ गया, कि कैसे मैं देव विग्रहों (देवमूर्ति) और देवालयों के दर्शन में रस पाने लगा।

प्रथम दर्शन–

सन् 1974 ई. मे हरिद्वार में महाकुंभ मेले में मैं सम्मिलित हुआ था। मैं हरिद्वार में मेन रोड पर स्थित खुशीराम धर्मशाला के ऊपरी मंजिल में रहता था। एक दिन मैं खिड़की के बाहर झाँक रहा था तभी एक जुलूस जिसे शाही जुलूस कहते हैं– साधु संतों और भक्त मंडली के कतार में चलता हुआ कारवाँ– माँ आनंदमयी के भक्तों की मंडली उस मार्ग से गुजरी।

पहले तो मैं कुछ जान न सका कि ये लोग कौन हैं सब श्वेत वस्त्र धारिणी ब्रह्मचारिणियों को देखा तभी एक रथ दिखा– उस पर माँ विराजमान थीं– देखते ही मुँह से निकले “अरे, यह तो माँ आनंदमयी हैं।” मेरे आश्चर्य मिश्रित हर्ष का ठिकाना नहीं था। यही उनका प्रथम दर्शन था।

द्वितीय दर्शन–

फिर एक अन्य दिन शाम के समय एक अन्य योगी मित्र के साथ माँ के दर्शन हेतु कनखल गये। मेरे पास भगवान श्री रजनीश (ओशो) जी की किताब ''कृष्ण मेरी दृष्टि में'' थी, नई थी मैं उसे लेकर वहाँ पहुँचा। उस समय वर्तमान आश्रम नहीं बना था, सिर्फ वह जमीन खरीद कर उस पर दरी बगैरह डाल कर चारों ओर भक्त वृंद बैठे थे।

मुझे उनके इर्दगिर्द व्याप्त अनुशासन और आश्रम के कायदे कानून का कोई अनुभव नहीं था इसलिये मैंने बिना कुछ सोचे समझे अपने झोले में से कृष्ण वाली पुस्तक को निकालकर माँ के हाथों में देकर उस पर हस्ताक्षर कर देने की विनती की।

इस बात को सुनते ही सब लोगों के बीच सन्नाटा छा गया, किसी के मुँह से निकला कि "अरे, माँ तो कभी कलम नहीं पकड़ती, कभी हस्ताक्षर नहीं करती"। लेकिन करूणामयी माँ ने सहज वात्सल्य भाव के साथ एक जन से पेन माँगा और पुस्तक पर अपना हस्ताक्षर कर दिया। वह पुस्तक अभी भी मेरे पास सुरक्षित है। वापस धर्मशाला आकर मुझे उनके हस्ताक्षर देखने की सहज इच्छा हुई, देखा तो वह कहीं नज़र नहीं आया। मैं हैरान हो गया– तभी एक जगह कृष्ण की बाँसुरी के चित्र के पास ही एक बिंदु (अर्धमात्रा) दिखलाई पड़ा। मैं समझ गया– यही उनका हस्ताक्षर एवं परिचय है। यह माँ का मेरा द्वितीय दर्शन था।

तृतीय–चतुर्थ दर्शन–

उस समय मैं कलकत्ता में रहता था। माँ साउथ कलकत्ता में अपने एक भक्त के यहाँ ठहरी हुई थीं, मैं वहाँ दोपहर में एक बार माया जी के साथ गया जहाँ मकान की छत पर चँदोबा बनाकर सजाया गया था जिसके नीचे माँ विराजमान थीं। मैंने उनके सम्मुख जाकर उन्हें प्रणाम किया। माँ जब उठीं तब लोगों के द्वारा अर्पित फूल मालाओं को एक एक कर माँ ने इस तरह फेंकना शुरू कर दिया कि वे सीधे किसी न किसी के गले में जैसे पहनाया गया हो ऐसे गिर रहे थें। एक माला माया जी के गले में भी गिरी। मुझे बहुत प्रसन्नता हुई यह देखकर।

उसी मकान में शाम में भी दूसरे ही दिन फिर पहुँच गया। उस समय माँ कमरे में बिस्तर पर बैठी थी। दूर से ही प्रणाम कर दर्शन किया और लौट आया। यह मेरा तीसरा और चौथा दर्शन था। यह सन् 74 की बात है।

पाँचवाँ दर्शन–

इस बार माँ आगरपाड़ा आश्रम में पधारी हुई थी। बहुत भीड़ थी वहाँ दर्शनार्थियों की। फिर भी मैं समीप जाकर प्रणाम और दर्शन कर सका। यह रात्रि 9–10 बजे का समय था। यह सन् 76 की बात है।

छठवाँ दर्शन–

अब मैं असली बात पर आ रहा हूँ। कलकत्ता, रजनीश आश्रम का संचालन मेरे हाथ था। मैं यद्यपि अपने सद्गुरू के अलावा अन्य किसी गुरू या संत महात्मा में उत्सुकतापूर्ण आकर्षण महसूस नहीं करता था फिर भी न जाने कैसे दो चार दिनों से बार बार माँ आनंदमयी को स्मरण कर करके व्याकुल हो रहा था। उसी दर्म्यान एक दिन दोपहर में एक भद्र महिला आश्रम में दाखिल हुई। वह इतनी मधुर स्वभाव और वाणी की स्वामिनी थी। उसने अपना नाम कुंती किचलू बताया। उसने बताया कि वह माँ आनंदमयी की परम भक्त और स्नेह भाजन थी।

यहाँ तक कि माँ उसके घर भी आयी थी तथा कुंतीजी के बिस्तर पर ही बैठ जाती थी– ऐसी निकटता का संबंध था उनके बीच।

मैंने अपने हृदय की व्याकुलता को उसे सुनाया तो उन्होंने अत्यंत प्रेमपूर्वक मुझसे कहा कि ''स्वामीजी, आप अभी हरिद्वार चले जाइये माँ अभी वही हैं, दर्शन हो जाएंगे।'' मेरी खुशी का ठिकाना नहीं था इस सूचना को पाकर और मैंने कुंती जी से कहा कि मैंने जब आपको देखा तभी मेरे मन में माँ का ख्याल आ गया था। यह सब कैसे हुआ वह मेरी समझ से बाहर है। तब कुंती जी ने कहा कि ''स्वामी जी, ऐसा ही होता है– आपको माँ ने बुलाया है, तुरंत व्यवस्था कर लीजिये।'' उसके बाद कुंती जी के घर मैं एक बार गया था जो मेरे आश्रम के समीप ही था, फिर दुबारा उनका मेरे पास आना नहीं हुआ। वह इसी कार्य विशेष से माँ की अंतःप्रेरणा से मेरे पास आयी थी, यह स्पष्ट हो गया।

मैं, माया जी और तीन चार अन्य मित्रों के साथ सप्ताह भर के भीतर हरिद्वार पहुँच गया। माँ कनखल में अपने निवास ''मोक्षमठ'' में निवास कर रही थी। तब वर्तमान आश्रम बन कर तैयार हो चुका था। हम वहाँ हरिद्वार में पंजाब सिंध क्षेत्र में ठहरे थे, वहीं से प्रतिदिन दोपहर में माँ के दर्शन हेतु जाते रहे। लगभग सप्ताह भर का यह सिलसिला था।

वहाँ माँ के दर्शन का जो सौभाग्य सुख मैंने पाया वह अनिर्वचनीय है। मैं माँ के विषय में किसी नियम वगैरह को जानता नहीं था इसलिये पहले दिन ज्योंहि माँ कमरे से बाहर निकली, झट से उनके चरणों को छू लिया और प्रणाम निवेदन कर लिया। माँ के पैर छूते ही वहाँ उनकी सेवा में रत् सेविकाओं का श्वास क्षण भर के लिये रूद्ध हो गया और उपस्थित भक्तजन आश्चर्य में पड़ गये।

माँ को लोग चरण छूकर प्रणाम नहीं करते थे यही नियम था। माँ भले ही कृपा वशात् किसी विशेष भक्त को छू लें– वह बात और है। मैं उस दिन इस नियम से परिचित हुआ। बाकी दिन फिर मैंने इसी नियम का पालन किया।

मैं माँ की चौकी के सामने सबसे आगे पंक्ति में ठीक चौकी के समीप माँ के सम्मुख बैठा करता था। माँ के पैर तो मैं छू नहीं सकता था तो यह सोचकर मैं रोज उनके आसन अर्थात् उस

चौकी के एक पाये को ही पकड़ कर बैठा करता था, किसी ने कोई आपत्ति भी नहीं की, किसी सेवक ने कभी कुछ नहीं कहा। मुझे इसी कृत्य से अपार तृप्ति का अनुभव हो जाता था।

एक दिन अज्ञानवश एक बचकाना विचार जाग गया मन में कि हम साधारण लोगों के हाथों में जो लकीरें होती है तो माँ के हाथ की लकीरें कैसे होगी– यह देखने की जिज्ञासा हो गयी।

परम आश्चर्य की बात है कि माँ जो पूरे शरीर को यहाँ तक कि पैरों और हाथों को भी वस्त्र के भीतर छुपाकर रखती थी, उन्होंने तुरंत अपनी बायीं हथेली को निकालकर इस तरह रख दिया मानों वे मुझे हथेली दिखा रही हों, मैं अपने इस अज्ञान और मूर्खता पर बहुत लज्जित हुआ। फिर माँ ने पूर्ववत् अपनी हथेली को वस्त्र के भीतर ढँक लिया। यह सब हो गया, मैं ही इस का रहस्य जानता था, किसी को कुछ पता नहीं चला।

सब कुछ सामान्य सा ही लग रहा था। करूणामयी माँ अपने पास आई जीवों का इतना ख्याल रखती है यह देखकर मै हतप्रभ हो गया।

माँ कहती है, ''मैं तो बाजा हूँ जैसा बजाओगे, वैसा ही देखोगे सुनोगे।''

मेरा शिर्डी जाना

एक बार कोई उत्सव का दिन था। उत्सव का कार्यक्रम चल रहा था। भगवान अपनी कुर्सी पर बैठे थें। हमलोग सामने बुद्धा हॉल में बैठे दर्शन कर रहे थे।

मैं थोड़ी दूरी पर बैठा था। दर्शन चल रहा था। कीर्तन जोरों पर था। चारों ओर संगीत की दिव्यधारा बह रही थी। इसी बीच मुझे अचानक क्या सूझा कि भगवान मुझे शिर्डी भेज दो एक बार। एक बार अनुमति दे दो। और फिर यह बात सिर्फ विचार के तौर पर आकर चली जाती। यह भी नहीं बढ़ कर माँग बन गई। मैं सहसा माँग उठा बोलकर, बैखरी से माँग उठा कि भगवान मुझे एक बार शिर्डी भेज दो ना। और मैंने देखा कि तुरंत भगवान ने जो सामने देख रहे थे, अपना सिर घुमाकर मेरी ओर देखने लगे।

मैं तो एक बार डरा भी कि दर्शन के समय प्रभु के दर्शन से तू तृप्त न होकर कल की योजना बना रहा है। ऐसा सोचकर थोड़ा डर भी लगा। लेकिन बाद में उनके अभय स्वरूप दर्शन से शांत होकर अन्य लोगों की भाँति दर्शन कीर्त्तन में लीन हो गया।

मैने ठीक दूसरे दिन शिर्डी के लिए प्रस्थान किया। मेट्रो होटल मे जो बूढ़े राव (A.M. Rao) थे, उनसे सब पता ठिकाना ले लिया था। यह राव भी बड़ा विचित्र व्यक्ति था। चित्रकारी भी जानता था, डॉक्टरी भी, ज्योतिष भी, जमीन में पता लगाने का काम भी जानता था। वह एक हरफनमौला था। (Spoiled Genius)जैसा। लेकिन दिल था संतों जैसा। शिर्डी के साई बाबा की जो तस्वीर सबसे ज्यादा प्रचलित हुई वह शिलाखंड पर बिठाकर इन्हीं राव साहब के पिताजी ने ली थी। ये बात वे स्वयं बता रहे थे। सच ही कहते होंगे मुझे कभी अश्रद्धा नहीं हुई।

मैं इन्हीं राव साहब से सब जानकारी लेकर रवाना हो गया। साथ में अनेक लोग थे। शंभु, सेठिया, सेठिया जी की पत्नी, मायाजी, वकील साहब, दीनानाथ आदि थे। हमारी शिर्डी यात्रा संपन्न हो गई। यह सन् 80 की बात है। शिर्डी के साईं बाबा की ही कृपा है कि सद्गुरू मेरे, मुझपर प्रसन्न रहते हैं। और सद्गुरू जी की कृपा थी कि सभी संत मुझपर प्रसन्न रहते थें। मैं यह अनुभव के द्वारा ही कह रहा हूँ। फिर सांई और माई का तो मैं शरणापन्न ही हूँ। मेरे सद्गुरू सब जानते हैं। और वे हर वह जरूरत पूरी कर देते हैं, जो मेरे कल्याण के लिए आवश्यक हो।

रहस्य में मेरा प्रवेश

मैं तो अभी तक समझ नहीं पाया कि मैं किस पथ का अनुगामी हूँ। पहले तो वैसे शैव कह दिया। लेकिन शैव भी कहाँ हूँ। असल में आज तक किसी विशेष पथ का अनुगामी नहीं हो सका हूँ। जो हुआ है वह जीवन को जीना। जीवन अखण्ड है। जीवन ही प्रारंभ– जीवन ही मध्य– जीवन ही अंत है। कहने का तात्पर्य, पथिक ही पथ है और गंतव्य भी। प्रारंभ में ही मध्य और अंत दोनों समाये हुए हैं। और मेरा हर क्षण प्रारंभ है– उसमें मध्य और अंत नहीं है। इसके पहले कि उसमें ये विकार प्रवेश करे– वह स्वयं अनंत में प्रवेश कर चुका होता है– और उसकी जगह एक नया ही तरो ताजा क्षण मेरी मुट्ठी में होता है। मेरी हाथ की रेखाओं में होता है– मेरा जीवन होता है– प्रभु की ओर से मुझे दिया गया प्रसाद होता है– वह क्षण। इसी प्रकार बिना किसी स्पष्ट पहचान के, मैं आज तक जीता आ रहा हूँ। मैं पहचान ही नहीं सका कि मैं कौन हूँ। खोजता हूँ तो कुछ पकड़ में नहीं आता।

रहस्य अवर्णनीय है, मैं अभी तक नहीं जान पाया हूँ। और जो जान पाया हूँ वह यह कि कभी भी कोई नहीं जान पाया है और न कभी जान पायेगा। मैं जो कह सकता हूँ वह यही कि जितना तुम जानने की दिशा में आगे बढ़ोगे, क्षितिज की भाँति अज्ञान की सीमा और आगे बढ़ी नजर आयेगी। इतना ही नहीं ज्ञान जितना बढ़ेगा उतना ही अज्ञान ज्यादा विराट्तर प्रतीत होगा। एक दिन तो ज्ञान बूँद और अज्ञान सागर की भाँति प्रतीत होने लगेगें।

परमात्मा से ज्यादा ठीक शब्द रहस्य है:

मैं इतना ही समझ पाया हूँ कि सब रहस्य है सब विचित्र है और विराट् है। इसमें कुछ भी स्थिर नही है। ये छोटे–छोटे काल खंड मनुष्य की स्मृति के हिस्से हो जाते हैं, अतः कुछ महत्व रखते हैं। खास मनुष्य के लिए ही सिर्फ महत्व होता है। शेष संसार अपने ढंग से चलता रहता है।

मैं कोई स्थायीकरण करने के लिए यह सब नहीं सुना रहा हूँ। यह ज्ञान पूरी तरह है कि महाकाल ही एक सत्य है। और इसी होश के आलोक से आलोकित होने से यह सम्पूर्ण कथा काल की कथा– महाकाल की कथा हो गई है। यह जीवन ही तो महाकाल है। हरि ही तो महाकाल है, महाकाल के सिवा और कहीं कुछ नहीं है। मैं महाकाल की ही कथा कह रहा हूँ।

मेरा गिरिडीह आनाः

रतन सिंह के निमन्त्रण पर मैं 9 फरवरी, 1983 को गिरिडीह आया। साथ में कन्हैया लाल, माया जी आदि थें। दो–तीन दिन हमलोग वहाँ रहे। फिर थोड़े ही दिनों बाद मैं पुनः वहाँ गया। इसमे एक खास बात है। असल में कलकत्ता लौटने के पश्चात् मुझे एक ख्याल पकड़ने लगा कि कुलवंत सिंह के पास जो जमीन पड़ी है, उसका उपयोग एक कम्यून बनाने में किया जा सकता है। मैं इसी बात की तात्कालिकता को महसूस कर रहा था। इसके पूर्व स्वामी आनन्द वैराग्य से राजगीर में शिविर के समय साल भर पहले काफी बातें हो चुकी थी। बिहार में काम की संभावना के विषय में। मैं उससे भी आशान्वित था। अतः तुरंत जाकर मैं रतन सिंह से मिला। बातें हुई। हम लोग जगह को देखने भी गये। जँच भी गई। पश्चात थोड़े ही दिनों बाद होली का अवसर आया। उसमें कलकत्ता से मैं, तरूणा, कन्हैयालाल, अशोक, देवेन्द्र सिंह आए। होली रतन सिंह के घर पर खेले। उस समय सूफी जी को बुला लिया गया था। उनको भी खूब रंग लगाया।

बाद में हमलोग सब के सब राजगीर भी घूमने गये थे। जहाँ से लौटने में बोधगया में रातभर रुके। वहाँ एक शिविर चल रहा था। स्वामी आनन्द विजय जी आए थे लेकिन हमलोगों को शिविर से कोई लेना–देना नहीं था। हाँ, रतन सिंह को जरूर मजा आया जो रात दस बजे बैठा–सो सुबह चार बजे ही लोगों को छोड़ा। अकेले रात भर लोगों का मनोरंजन करते रहे।

इस प्रकार मेरा गिरिडीह आना हुआ, कम्यून का काम शुरू हुआ। यह बात फरवरी अंतिम सप्ताह 1983 की है।

संतोष कुमार खंडेलवाल

संतोष कुमार खंडेलवाल नामक युवक उस समय मेरे अत्यन्त करीब आया। धीरे–धीरे उसका साथ प्रगाढ़ होने लगा। उसकी आँखों में विशेष किस्म का प्रेम परिलक्षित होता था।

यद्यपि वह एक सामान्य व्यवसायी का पुत्र है। स्वयं भी कोई ज्यादा नहीं कमाता है, लेकिन मेरे लिए कभी–भी हिसाब नहीं किया। आलोक अग्रवाल भी उसका मित्र था। जो मेरी सेवा में लगा रहता था। दोनों लड़के मेरे अत्यन्त प्रिय थे। मैं एक प्रकार से उनका आध्यात्मिक अभिभावक था।

इन बच्चों के साथ मेरा कई बार सफर करना हुआ। दोनों दो–तीन बार रायपुर गए थे। आलोक काठमांडू गया था तथा संतोष दिल्ली हरिद्वार हो आया था मेरे साथ। संतोष कुमार ने मेरी इतनी सेवा–सहायता की जितनी यहाँ के संन्यासी मित्रों का सहयोग नहीं मिला। संतोष अद्वितीय था।

मुझे प्रतीत होता है कि यह जीव आवाहन् करके पैदा किया गया था। एक शिव भक्त जीव है। माँ–बाप दोनों सात्विक विचार धारा वाले थे। पिताजी एक संतोषी जीव थे। बड़े ही संतुलित

एवं मितव्ययी जीव थे। संतोष बहुत सेवा किया करता था। माँ पिता का बहुत प्यारा था तथा वह भी खूब आदर करता था उनकी।

गिरिडीह कम्यून का प्रारंभ– और उसके परिणाम

जब मैं सन् 1983 में गिरिडीह चला आया और एक कम्यून का निर्माण कार्य शुरू किया तभी मित्रों को सचेत कर दिया था कि देखना मेरा काम शुरू करते ही भारत भर में हल्ला मचेगा। और वैसा ही हुआ। ज्योंहि पूना में जयंती भाई (स्वामी सत्य बोधिसत्वजी) को पता चला कि मैं एक कम्यून बनाने में लगा हूँ वे विचलित हो उठे। संयोग से योग प्रेम की मर्माहत हृदय की अग्नि भी थी, वहाँ कलकत्ता के वकील बंधुओं (जो संन्यासी हो चुके थे) का संग–साथ भी था। सब मसाला तैयार था मेरे विरूद्ध आन्दोलन के लिए। काम ने गिरिडीह में जोड़ पकड़ा, फलस्वरूप जुलाई माह में गुरू पूर्णिमा उत्सव का आयोजन हुआ जिसमें बिहार के बहुत सारे संन्यासी सम्मिलित हुए थे। इस घटना के तुरंत बाद सत्य बोधिसत्व जी ने मुजफ्फरपुर में एक शिविर का आयोजन किया। पटना के कुछ संन्यासी मित्रों के सहयोग से नाम तो था ध्यान शिविर लेकिन सिवा मेरी आलोचना के कोई लक्ष्य नहीं था वहाँ। खुब उछाला गया मेरा नाम वहाँ। उसी समय उन लोगों के विरोध के बावजूद मुझे रायपुर शिविर के दौरान आमंत्रित किया गया। वहाँ भी मेरी चर्चा हो रही थी। फिर गिरिडीह में एक शिविर किया जिसमें बिहारी संन्यासी इकट्ठे हुए थे। इस शिविर में काफी लोगों के समक्ष यथा स्थिति को बताया गया तथा उनसे अनुरोध किया गया कि जो वे अनुभव करते हैं वे सब अमेरिका लिखें। इस प्रकार बहुत सारे पत्र गिरिडीह के बारे में तथा मेरे विषय में भेजे गए। जिसका असर यह हुआ कि पूना वाले चुप हो गए। लेकिन उनका विरोध प्रचार का काम शिविरों के बहाने चलता रहा। दिल्ली लुधियाना, बड़ौदा, जबलपुर आदि स्थानों पर वे संगठित होकर मेरे खिलाफ विष–वमन करते रहें। इस प्रकार भारत वर्ष भर में घूम घूम कर मेरे नाम की माला वे मित्र लोग जप रहे थें। सद्गुरू की लीला अगम्य है। उसी बहाने मेरा यश फैल रहा था। जो नहीं जानते थें मुझे वे भी जान गए।

तैल धारावत् सुरति

मैं एक ऐसी स्मृति से भी भरा हुआ हूँ। वर्षो पूर्व से, जिसका विस्मरण असंभव है। क्योंकि स्मृति शब्द के शाब्दिक अर्थ में वह किसी की स्मृति नहीं है– वह बोध है। वह देखना है। इसी से मैं उस अलख को देखना कहता हूँ। मैं उस अलख की स्मृति से पहले ही भरा हुआ हूँ। इसी से मैं अपने अंदर प्रकाश का अनुभव सदैव किया करता था। मुझे संदेह में डालना किसी के लिए असंभव था।

मैं एक ऐसे तथ्य से परिचित हो चुका था, जिसके होने के बाद कभी कोई प्रश्न उठे ही नहीं मैंने कभी कोई जिज्ञासा किसी से नहीं की।

यहाँ तक कि भगवान अपने प्रवचनों में प्रश्नोत्तर ही प्रश्नोत्तर करते थे– लोग विविध प्रकार के असंख्य प्रश्न पूछते– लेकिन मेरे हृदय में कभी कोई प्रश्न नहीं उठा।

मैं समाधि किसे कहते है, यह तो नहीं जानता लेकिन समाधान किसे कहते हैं यह शायद जान गया था। इसीलिए जीवन में किसी कोण से मुझे भार या ऊब की प्रतीति नहीं होती थी। यद्यपि मैं कोई जड़ अवस्था को प्राप्त नहीं हो गया था। मैं पूर्णतः सहज जीवन जी रहा था और हर वह काम करता था, जो सारे लोग करते हैं। और अपने इस रहन–सहन के साथ–साथ भीतर उस स्मृति विशेष के होने से मैं अभय हो उठा था।

फिर भी जीवन की थापों को उसी के सुर में गा रहा था और सुन रहा था। जीवन गंगा पर उगे लहरों को देखता रहा–भोगता रहा। कितनी स्मृतियाँ, कितनी घटना–कितनी लहरें हैं।

हरि अनंत हरि कथा अनंता।

झेन हाइकूः

पूर्णिमा की रात्रि है। आकाश में चन्द्रमा पूर्ण प्रकाश के साथ विराजमान है। नीचे एक झील है।

झील बड़ी है।

झील शांत है।

झील निस्तरंग है।

झील के किनारे सफेद बगुले बैठे हैं।

फिर,

बगुले उड़े।

बगुले उड़े। बगुलें कतार में उड़े। बगुले आकाश में उड़े।

बगुलों के आकाश में उड़ने से शांत झील के वक्ष पर बगुलों का सुंदर प्रतिबिंब बना। चन्द्रमा का प्रतिबिम्ब भी बन रहा है। यह यूँ ही हो रहा है।

चन्द्रमा है,

झील है,

बगुले हैं,

प्रतिबिम्ब है।

ऐसे ही घटित होती है घटना जब कोई पूर्ण शिष्यत्व के साथ किसी सद्गुरू के सम्मुख बैठा हो तो।

जब न गुरू को कोई चाह है कि शिष्य को कुछ दे। न शिष्य को कोई चाह है कि गुरू से कुछ मिले।

जब न यहाँ चाह है– न वहाँ चाह है।

जब चाह ही नहीं है– वहीं, उसी क्षण में यह घटना घट जाती है। प्रतिबिम्ब बन जाता है।

जैसे वहाँ प्रतिबिम्ब बना। न चाँद को कोई आकांक्षा थी कि उसका प्रकाश है आज तो बगुले उड़े आकाश में, न बगुलों ने सोचा कि आज पूर्णिमा है– चारों ओर प्रकाश ही प्रकाश है चलो और सामने झील भी है– चलो उसमें अपने प्रतिबिम्ब बनायें। ऐसा तो बगुलौं ने नहीं सोचा था। सिर्फ वे उड़ गये थें। न झील ने विचारा कि कैसे बगुले हैं ये जो किनारे बैठें हैं, पूर्णिमा की आभा में क्यों नही ये उड़ते और मेरे वक्ष पर प्रतिबिम्ब बनाते। न हीं प्रतिबिम्ब के विषय में तो किसी को कोई ख्याल ही नहीं है। उन्होने कभी भी नहीं सोचा। लेकिन वे सिर्फ वहाँ मौजूद है और पूरी तरह (totally) मौजूद है। बस जब शिष्य और गुरू भी सिर्फ मौजूद हो तो उनकी मौजूदगी ही प्रतिबिम्ब बना देती है।

कबीर दास जी भी तो कहते हैं –

बिन मांगे मोती मिले
माँगे मिलै न भीख।

2 बाबाजी का स्वयं के बारे में रहस्योद्घाटन

मैं तुम लोगों को पहले भी कई बार यह संकेत दे चुका हूँ कि अतीत काल में मेरा संबंध शैव परम्परा से रह चुका है। आचार्य अभिनव गुप्त से मेरा प्रेम बहुत आत्यंतिक है और कभी–कभी मैंने भगवान श्री रजनीश जी (ओशो) के भीतर भी उन्हीं अभिनव गुप्त की वाणी को महसूस किया है। वस्तुतः शैव परम्परा जीवन के प्रति एक विधायक दृष्टि रही है।

भगवान महावीर को वीतराग भी कहा जाता है। संयोग से मेरे सद्गुरू ने मुझे भी वीतराग नाम ही दिया। भगवान ने वीतराग शब्द का अर्थ करते हुए बताया था कि–

जो राग में भी है
और जो विराग में भी है
और जो राग में भी नहीं है
और विराग में भी नहीं है।

जो राग और विराग, इन दोनों के पार चला गया हो ऐसी चेतना ''वीतराग'' कहलाता है। संक्षेप में कहूँ तो जो संसार में कमलवत् हो गया वही ''वीतराग'' है।

मैं इस दृष्टि से शिव की ओर देखता हूँ तो वे वीतरागता के जीवंत प्रमाण लगते हैं।

करूणा

मैं समझता था अपनी उम्र के ब्यालीसवें पार करते–करते मैं जीवन की सार्थकता को पा लूँगा। आज पैंतालिसवाँ बीतने को है। अब मैं अपने ऊपर सोचता हूँ तो लगता है कि मैं एक पुनर्जन्म के अनुभव से गुजर रहा हूँ। वह कैसे–यह समझाता हूँ।

सुनो!

जीवन की वह कथा जो मैं कह रहा हूँ वह असल में जीवन की सार्थकता की मेरी खोज यात्रा की कथा है।

इस जन्म से भी पूर्व, बहुत पूर्व, बहुत पूर्व से प्रारंभ होती है यह यात्रा। जब अपने परम आनन्द स्वरूप परमात्मापन की अनुभूति के ऊपर ''मैं'' होने का अज्ञान जनित परदा पड़ा था, तब से ही पुनः अपने स्वरूप प्रतिष्ठा हेतु छटपटाहट चल रही थी। यह न जाने कितने जन्म पूर्व की बात है। लेकिन उस छटपटाहट को मैं बराबर महसूस करता रहा।

इस जन्म के साथ ही वह बेचैनी खूब मुखर होकर प्रकट हुई। बाद में कारण ज्ञात हुआ कि यह बेचैनी क्यों है?

जब मैं भगवान श्री रजनीश जी से मिला तभी उसी क्षण मैंने जान लिया कि यही वह हैं जिन्हें पाने के लिए मैं बेचैन था, भगवान ने भी मुझे पहचान लिया। फिर हम वैसे ही जुड़ गये जैसे ज्योति से ज्योति जुड़ जाती है और एक हो जाती है।

अपने सद्गुरू से जुड़ जाने के पश्चात् मेरी बेचैनी का सहसा अंत हो गया। मुझे इतनी तृप्ति हुई कि सारी समस्याएँ जैसे एक झटके से समाप्त ही हो गई। मैं प्रसन्नता की अजस्त्र धारा में डूबने उतराने लगा।

भगवान (ओशो) से मिलने के बाद मेरी छाती और मस्तिष्क से जैसे जन्मों का भार उतर गया और मेरे पंख निकल आए हों। मैं ब्रह्माकाश में विचरण करने लगा। मेरा मोक्ष अब अभी और यहीं उपलब्ध हो गया। मेरा भूत और भविष्य सब मिट गया। मैं विशुद्ध रूप से ''वर्तमान'' में ठहर गया। यह अवस्था बनी रही और मैं इस शरीर यात्रा के लक्ष्य को पाकर भी अपनी शेष प्रारब्ध यात्रा को पूरी करता रहा।

मोक्ष की अपरोक्षानुभूति (प्रत्यक्षअनुभूति) के पश्चात् जीवन का आखिर आधार क्या रह जाता है? देह तो बनते ही हैं, देह में देहातीत भगवान जो बैठे हैं उस स्रोत से जुड़ने के लिए। लेकिन जब उस सर्वान्तर यानि भगवान से जुड़ जाने के बावजूद फिर जीवन यात्रा क्यों होती है?

यह जीवन यात्रा या तो प्रारब्ध शेष रहने से होती है और ज्योंही उसे पूरा किया जाता है, विदेह समाधि के द्वारा देह यात्रा से सदैव सदैव के लिए मुक्त हो जाती है।

दूसरा कारण होता है करूणा का उदय। करूणा होती है स्वयं की अमृत उपलब्धि को बाँट देने की आतुरता।

यह काम विशुद्ध रूप से भगवान या सद्गुरू के हाथों से ही सम्पन्न होता है। किसी का करूणावान होना, उसके अपने ऊपर कम उसके गुरू पर ज्यादा निर्भर करता है।

जिस शिष्य को सद्गुरू ठीक समझते हैं उसे आगामी जन्मों के लिए वे तैयार करते हैं। यह तैयारी स्वयं मुक्ति लाभ करने की चेष्टाओं से एकदम पृथक तैयारी है। इसमें चेष्टा और प्यास शिष्य के भीतर नहीं, गुरू के भीतर पैदा होती है। शिष्य कुम्हार के हाथों गीली मिट्टी की भाँति ही होता है।

मैं अपने सद्गुरू के हाथों ऐसे ही गढ़ा जा रहा हूँ। वे मुझे तैयार कर रहे हैं। मैं देख रहा हूँ इस बात को। तब से आजतक वही तैयारी चल रही है। जब तक गुरू चाहेंगे, यह शरीर टिका रहेगा।

जिस क्षण वे देखेंगे कि इस देह का काम पूरा हो गया वे इसमें से निकालकर पुनः किसी अन्य देह का आलंबन प्रदान कर देंगे। लेकिन तब वह किसी अभाव के कारण उत्पन्न बेचैनी का जीवन नहीं होगा, बल्कि उपलब्धि के कारण करूणा का जीवन होगा। अभी इस देह से मुझे कुछ नहीं करना है जो करना था वह हो चुका है।

इसीलिये कहता हूँ अब जो आगे चल रहा है वह मेरा पूर्वजन्म नहीं पुनर्जन्म है। मैं रोज–रोज क्षण प्रतिक्षण नया और नया हो रहा हूँ। सभी अनुभूतियाँ और सारे अनुभव एक ही लक्ष्य की ओर ले जा रहे हैं कि करूणा की वृत्ति ही एकमात्र आलंबन कैसे बन जाये और सब वृतियों का सहयोग एकमात्र करूणा की पुष्टि कैसे बन जाए, यही लक्ष्य है।

भगवद्दर्शन:

(समाधि, निर्वाण, मोक्ष की अनुभूति कैसी होती है उसका काव्यमयवर्णन)

(बाबाजी का उद्गार)

तपते रेगिस्तान पर
मानों बारिश की बौछार
बगीचे के सूखे दरख्तों पर जैसे सावन का स्नान,
किसी सूखी पड़ी नदी में
जैसे अचानक बाढ़ का आ जाना
बरसों से कुंडली मार कर बैठी अमावस में
सूरज का ऊग आना
सदियों से संतप्त मानवता
को जैसे किसी मसीहा की पुकार ठीक वैसे ही
जैसे अनंत काल से
सूखे किसी चातक के कंठ में आषाढ़ की फुहार
हाँ, ठीक वैसे ही
जैसे रोशनी को, सौंदर्य को, सृजन को
भूल ही गयी
नयनों के समक्ष अचानक
प्रकृति श्री का प्रस्फुटित हो जाना
सच्चिदानंद गंगा का उतर आना और
बह पड़ना धरती के पोर–पोर में
वैसे ही वह मेरे सामने प्रकट हुई

उसका उन्मुक्त खिल खिलाना
और वह नन्हीं–नन्हीं हथेलियाँ की तालियाँ
और उन मासूम आँखों की ज्योति
मानो
मेरे समक्ष समूचा नील गगन
का पर्दा फट पड़ा –
पाताल से सातवें आसमान तक
और ठीक उसी के साथ
मेरे भीतर के हृदयाकाश में भी
अनंत–अनंत दूरी तक
आवरण का चीर दिया जाना
और वह
वह महान आलोक
महान आह्लाद साक्षात् भगवान या कहें भगवती
का दर्शन
समय का पहिया सहम कर थम गया,
दिशाएँ विलीन हो गई।
न कोई देखने वाला, न कुछ दिखलाई पड़ता
जाग्रत बोध मात्र–
अकाल में
अकाल मूरत का दिख जाना
वही देखता दीखता
क्षण में शाश्वत
कण में विराट,
दो में अद्वैत
रूप में शून्य–महाशून्य
जीवन–परम जीवन
मानो बोधि–वृक्ष
मौलश्री के अनंत–अनंत फूलों का
झरना–झरते ही जाना
मैं तर गया,
मैं भर गया

मैं, मर ही गया
और हुआ पुनरूज्जीवन
मेरा नहीं
अब वही है– वही है– वही हाँ वही।

जीवन चक्र

आज मैं तुम्हें एक बहुत ही महत्वपूर्ण विषय में कुछ कहने जा रहा हूँ। यह मेरा अनुभव है। अनुभव है एक जीवनमुक्त व्यक्ति का। यह एक विचित्र अनुभव है। सामान्य नहीं है यह ऐसा कभी–कभी किसी किसी के साथ ही होता है।

ऐसा होना अनहोनी इसलिए है क्योंकि एक व्यक्ति समाधि की सहजतम अवस्था से गुजर कर परममुक्ति (Ultimate Liberation) में प्रवेश करने के बजाये पुनः संसार यात्रा में प्रवेश कर जाये तो यह वैसा ही हुआ मानों कोई नदी अपने उद्गम से निकल कर हजारों मील की लंबी यात्रा करके सागर के क़िनारे पहुँच कर सागर में मिल जाने की जगह पुनः उल्टी दिशा में बहने लग जाये, यह नियम विरूद्ध है।

लेकिन यह नियम प्रकृति के लिए है, यह नियम प्रसुप्तों के लिए है। मैं न प्रकृति जैसा यांत्रिक हूँ न प्रसुप्त (सोया हुआ) हूँ। मैं सर्वतंत्र, स्वतंत्र, सचेतन, जीवंत हूँ। मेरा चुनाव मेरे हाथ में है।

इसी परम स्वतंत्रता का कारण है कि मैं परममुक्ति के बजाये संसार में पुनः लौट पड़ने को अपने आगामी यात्रा के हेतु (कारण, मकसद) बना लिया।

लेकिन हो सकता है कि यह मेरा स्वतंत्र चुनाव न हो और इसके पीछे विधि का विधान ही हो, परमात्मा की इच्छा ही हो। क्योंकि जैसा कि स्पष्ट है यह देखकर कि इसी जीवन में ज्ञान और प्रेम का समतुल्य सामंजस्य विद्यमान है।

एक ओर ज्ञान से मुक्ति प्रशस्त है तो दूसरी ओर प्रेम से जन्म–जन्मान्तर की यात्रा भी प्रशस्त है।

एक जीवन चक्र खत्म हुआ। एक चक्र अपने अंतिम पड़ाव तक आ पहुँचा। हजार–हजार बार जन्म मृत्यु के खेल से गुजर–गुजर कर इतना परिपक्व हो गया मैं कि समाधि श्वास–श्वास में सहज गतिमान हो गयी, मैं समाधि का चलता फिरता शरीर हो गया।

मै नहीं मानों परमात्मा ही उठ बैठ रहा है। ऐसा भाव बन गया। मुझसे ही नहीं सर्वरूपों में परमात्मा के उठने–बैठने की प्रतीति दृढ़ से दृढ़तर होती गयी। फिर ''मैं'' और कोई विशिष्टता या निजता जैसी भावना नहीं बची– सिर्फ परमात्मा ही रह गया– 'सिर्फ समाधि ही बच गयी'– अनंत सुख– अपरिसीम शांति, अचल अविचल अवस्था– संपूर्ण आत्म संतोष– पूर्ण आप्तकामता, क्षण–क्षण रहस्य बोध से जगमगा उठा।

ऐसी ज्ञानमय बोध की स्थिति और कलाकार का हृदय भी साथ है। विधि की लीला अपरम्पार है। कलाकार का हृदय है- अतिसंवेदनशील है। स्त्रैण स्वभाव है, भावुक है पर दुःख कातर (दूसरे के दुःख से दुःखी होना) है और अपने भीतर आनन्द के स्रोत से जुड़ा हुआ है। आनन्द बँटने को व्याकुल है। प्रेम बह रहा है। ज्ञान से करूणा है। प्रेम से बँटना है। यही नियति तय हो गई मेरी।

ज्ञान से संसार का अन्त तय हो जाता है तो प्रेम से एक नयी सृष्टि, श्रृंखला का जन्म हो जाता है। ज्ञान निर्वाण के महाशून्य में ले जाता है तो प्रेम महासृजन के महाप्रकाश से भर देता है जीवन को।

मुझमें ज्ञान और प्रेम दोनों को एक साथ भरकर विधाता ने एक तरकीब अपनाई है।

ऐसा करके जो मैंने अपने वर्तमान जीवनचक्र में चाहा था, माँगा था, जिसके लिए श्रम करता आया था वह तो दे ही दिया परमात्मा ने कि अपने को मेरे सामने प्रत्यक्ष कर दिया मेरे जन्मों–जन्मों की प्यास को तृप्त कर दिया। मुझे मेरा हक तो सौंप ही दिया लेकिन साथ ही साथ कला को भी साथ कर दिया। कला आनन्द का अजस्त्र स्रोत है। कलाकार का हृदय सर्वाधिक संवेदनशील हृदय होता है। वह सहानुभूति से आगे बढ़कर समानभूति (From Sympathy to Empathy) तक आगे विकसित हो चुका होता है। करूणा संत हृदय का स्वभाव है।

मुझे प्रभु ने जन्मना (जन्मजात) संत बनाकर भेजा है। मैं जानता हूँ एक सांख्यज्ञानी की क्या उपलब्धि होती है। मैं जानता हूँ एक भक्त की, कलाकार की क्या उपलब्धि होती है। दोनों को मिलाकर बनता है संत हृदय की उपलब्धि।

संत अद्वैत परमात्मा में और इस मायावी अनंत रूप अनंत रंग वाले संसार में, दोनों में एक साथ रमण करते हैं।

मेरा भी कुछ यही हाल है, मैं परममुक्ति और चरम बंधन दोनों ही को जीता हूँ और वह भी हर क्षण।

पहले मैं जब सिर्फ बंधन को जानता था तब मुक्ति की कामना को ही अपना लक्ष्य बनाकर जीता रहा। यह संसार अनुभवों के लिये है, अनुभव से ही मुक्ति मिलती है। महर्षि अरविन्द ने एक आध्यात्मिक स्वप्न देखा था भविष्य के लिये कि अब एक–एक व्यक्ति की चेतना का आरोहण ही नहीं होगा बल्कि ईश्वरीय चेतना जिसे उन्होंने (Super Mental Force) (अति मानसिक चेतना) नाम दिया, उसका ऊपर से नीचे अवतरण होगा तब पृथ्वी पर एक दो बुद्ध नहीं सैकड़ों–हजारों चेतना बुद्धत्व को एक साथ उपलब्ध होगी और यह पृथ्वी उस दिन ईश्वरीय चेतना से आप्लावित हो उठेगी।

तभी, हाँ तब ही शांति का महान साम्राज्य कायम हो सकेगा तब ही बहाउल्लाह और भगवान का स्वप्न साकार हो सकेगा।

मैं आशा करता हूँ वह समय आने ही वाला है और वह होकर ही रहेगा। धर्म का सही स्वरूप तब दुनिया में एक जीवन प्रणाली के रूप में चलेगा खुलेगा एक बार। यही ईश्वरीय प्रकटीकरण होगा।

यह विधि ने लिख दिया है।

मैं कौन हूँ, मेरा कर्म क्या है–

मै कौन हूँ, क्या हूँ और मेरा कर्म क्या है? यह एक सुविचारित बात हो गई अब मेरे समक्ष। जैसे–जैसे समय बीतता जा रहा है सब साफ होता जा रहा है। एक रहस्य है जिसके पर्दे पर्त दर पर्त खुलते जा रहे हों जैसे ऐसे ही मेरा होना, मेरा धर्म, मेरा लक्ष्य सब साफ हो रहा है।

भीनी–भीनी गँध जिस बात की वर्षो पूर्व उठनी प्रारंभ हो चुकी थी – वह तथ्य अब उजागर हो गया है।

मैं आज के प्रत्येक क्षण को आने वाले कल के लिए उपयोग कर रहा हूँ। मेरी मुट्ठी की प्रत्येक ईंट भविष्य के महल के निर्माण में लग रही है। आज मैं पूर्ण निरहंकारिता (बिना अहंकार) के साथ यह बात कह सकता हूँ कि विधि के हाथों जैसे आज की कहानी लिखी जा चुकी थी आज वह प्रकट हुई या हो रही है, वैसे ही आने वाले कल की कहानी भी लिखी जा चुकी है। मैं स्पष्ट रूप से देख रहा हूँ कि उस विराट खेल में मेरी क्या स्थिति है। मेरी भूमिका अब एकदम स्पष्ट हो गई है। विधि के हाथों मेरा भविष्य लिखा जा चुका है। और मैं यह देखकर चकित हूँ कि अकथनीय और अकल्पनीय होने को है।

मैं अपने सौभाग्य को देखकर अचंभित हूँ। मुझ पर सद्गुरू सत्ता की महती कृपा का जो यह परिणाम है वह मुझे परमात्मा के श्री चरणों में समर्पित हो जाने के लिये प्रेरित कर रहा है– मैं समर्पित हो चुका हूँ।

श्री भगवान अपनी संपूर्ण शक्ति के साथ मुझ पर प्रसन्न हैं। भगवती मेरे प्रति अनन्त वात्सल्य से आपूरित है, अस्तित्व अपने अनंत–अनंत हाथों से मेरे ऊपर आशीष–वर्षा कर रहा है। मुझे भीतर बाहर से वासुदेव श्री विष्णु ने घेर लिया है। संपूर्ण संत परंपरा मेरे प्रति अपने पवित्र प्रेम की धारा को मोड़ चुकी है। युगों–युगों से साधुजनों के स्नेह से मुझे नहलाया जा रहा है।

यह सब देख–देखकर मै परमात्मा सतगुरू सत्ता को स्मरण कर कर के कृत–कृत हो रहा हूँ। मैं परम आनंद में हूँ, मैं विह्वल हूँ, मैं और वह एक दूसरे मे समा गये हैं– मैं क्या–क्या कहूँ, कैसे व्यक्त करूँ– कितना कहूँ– मैं कह नहीं सकता, सोचता हूँ – नहीं, इसे कह दूँ। कहता हूँ तो मुश्किल, नहीं कहता हूँ तो बेचैनी। करूणा का महा सागर लहर–लहर लहरा रहा है।

आत्म विभोरता के ज्वार–भाटे उमड़ रहे हैं। दसों दिशाओं से साधु–साधु का कीर्तन सुन रहा हूँ। मैं मेघ राशि हो गया हूँ– संसार मेरी ओर जन्मों–जन्मों की प्यास को मिटा देने वाली तृष्णातृप्ति हेतु निहार रहा है। मैं बरस पड़ने को उद्यत शुभ मुहूर्त की प्रतीक्षा में रहते हुए अपनी

सघनता के कारण हुंकार भरते हुए यत्र–तत्र विचरण कर रहा हूँ। मानो मै कह रहा हूँ– मैं आ रहा हूँ, मैं आ रहा हूँ।

अब जो है सामने वह एक पूर्व निर्धारित खेल है– दिव्य खेल है। पूर्ण अपनी पूर्ण समग्रता में प्रकट होगा। ईश्वर अपने समस्त ऐश्वर्यो के साथ प्रकट होगा। सब देखेंगे, सब सुनेंगे। वह प्रकाश होगा– एक साथ सब जगह प्रकाशित होगा। वह लोगों के इस सृष्टि के हर सृष्ट देहों के– उनके हृदय में प्रकट होगा।

सब लिखा जा चुका है। अनन्त सौभाग्य का खेल है यह। युग–गुरू का जन्म होगा– धर्म स्वयं देह धारण करेगा– अस्तित्व स्वयं रूपाकार ग्रहण करेगा।

रहस्य है फिर भी किताब खुल गई है। मैं पढ़ रहा हूँ, पढ़ते जा रहा हूँ और पुलकित भी हूँ। मैं ही किताब हूँ और मै ही पढ़नेवाला, मेरा ही वर्णन है।

हाँ लिखने वाला निश्चय ही मैं नहीं हूँ, लिखने वाले मेरे सद्गुरू हैं। यह उन्हीं की शक्ति है यह उन्हीं की लीला है। मुझे उन्होंने चुना है मेरे किसी प्रयोजन को पूरा करने नहीं वरन् अपने प्रयोजन को पूरा करने, परमात्मा के प्रयोजन को रूप देने, एक सृजन करने के लिए।

उन्होने मुझे चुन लिया है। मैं तो दास हूँ, सेवक हूँ अपने सद्गुरू के श्री चरणों का।

धन्यवाद धन्यवाद धन्यवाद।

अनंत–अनंत–अनंत धन्यवाद।।

धर्म का पुनरूत्थान

इस पृथ्वी पर अवतरित प्रत्येक ईश्वर–दूत ने एक क्रांति की– आध्यात्मिक, सामाजिक, आर्थिक क्रांति। प्रत्येक धर्म संस्थापक ने दो किस्म की बातें समझाई अपने लोगों को।

एक का संबंध निरपेक्ष सत्य से तो दूसरे का सापेक्ष सत्य से रहा।

एक तो वे बातें थी जो प्रत्येक पवित्र पुस्तकों में, गुरूवाणियों में एक जैसी है, जो ईश्वर आत्मा, प्रेम और प्रार्थना के बारे में हैं, आत्म रूपांतरण की कीमिया के विषय में हैं, अस्तित्व के विषय में हैं। यह हिस्सा सभी धर्मों में समान है। यह बातें ना नई है, न पुरानी, यह सनातन है सब देशों में सब कालों में इसलिये यह निरपेक्ष है। दूसरा हिस्सा जो कि सापेक्ष है आदमी के बारे में, समाज, शिक्षा, विवाह आदि क्रियाएँ पूजा–उपासना आदि क्रियाएँ और आर्थिक उन्नति के उपायों के बारे में हैं।

अलग–अलग धर्मो में अलग–अलग धर्मग्रन्थों में अलग–अलग है– कृष्ण ने कुछ कहा है तो बुद्ध ने कुछ कहा, महावीर ने कुछ बताया तो मोहम्मद साहब ने कुछ अलग ही कहा, नानक ने कुछ समझाया तो शंकराचार्य ने कुछ और।

इनमें से प्रत्येक ईश्वर–दूत ने अपने–अपने देश और समय की आवश्यकता और चुनौतियों को ध्यान में रखकर अपने उपदेश तय किए– किसी को हिंसा को, सब प्रकार से त्यागने में सुख दिखा तो अहिंसा की स्थापना की, तो किसी को हथियार उठाने के सिवाय कोई दूसरा विकल्प नजर ही नहीं आया तो हिंसा को भी धर्म की सेवा में प्रस्तुत किया।

किसी को ब्रह्मचर्य और एक विवाह में समाज की सुरक्षा नजर आई तो किसी को सहज काम और बहु–विवाह में समाज का कल्याण दृष्टिगोचर हुआ। उसी के अनुरूप प्रत्येक ने अपनी व्यवस्था दी।

किसी ने पूरब की ओर मुंह करके प्रार्थना का प्रावधान रखा तो किसी ने पश्चिम की ओर। किसी को मूर्तिपूजा में मनुष्य का लाभ दिखाई पड़ा तो किसी को मूर्तिपूजा में हानि दिखलाई पड़ी। जिस पैगम्बर को अपने समकालीन समाज के हित के लिए जो मार्ग जो जीवन शैली उचित प्रतीत हुई उसने अपने अनुयायियों से वैसा करने के लिए कहा।

इनमें से प्रत्येक सही था– सबके भीतर करूणा और प्रेम की अनंत धारा फूटी थी, सब मनुष्यता का शुभ की ओर, परमात्मा की ओर, आपसी भाईचारे और शांति की ओर ले चलने के लिए, उनकी चेतना को ऊपर उठाने के लिए प्रयत्न करते रहे, मनुष्यता की सेवा के बदले उनमें से प्रत्येक ने विष का प्याला पिया, कष्ट सहे और आत्म बलिदान तक दिया। जो उनके नये मार्ग पर दृढ़ता एवं निष्ठापूर्वक चले–ऐसे हजारों–हजारों अनुयायियों को हर देश में हर काल में एक लम्बे समय तक अपने प्राणों की आहुतियाँ देनी पड़ी तब जाकर यह धर्म, यह क्रांति अपना इतिहास बना सकी।

मोहम्मद साहब द्वारा स्थापित इस्लाम ऐसी ही कठिनतम परीक्षाओं से गुजरकर जनमानस में स्थापित हो पाई। आज लोग मोहम्मद और हुसैन का नाम स्मरण करते हैं– उन्हें श्रद्धांजलि देते हैं लेकिन इससे क्या मोहम्मद साहब का देखा हुआ स्वप्न पूरा हो गया, क्या आज तक के चौदह–पन्द्रह सौ सालों के इस्लाम के जीवन से, और इस्लाम धर्म के भीतर घटित घटनाओं और इसमें उभरी प्रकृतियों से मोहम्मद साहब का संजोया हुआ स्वप्न सार्थक हो पाया– क्या आज का इस्लाम और आज का मुसलमान वही है जिसकी परिकल्पना पैगम्बर ने की थी। क्या मुहम्मद साहब आज अपने धर्म और अनुयायिओं को देखेंगे तो उन्हें प्रसन्नता होगी? यह कुछ प्रश्न है जो मुझे चिन्तित करते हैं।

यह प्रश्न सिर्फ इस्लाम और पैगम्बर के विषय में ही नहीं है– यह प्रश्न

बुद्ध और बौद्ध धर्म,

महावीर और जैन धर्म,

शंकराचार्य और हिन्दू धर्म

गुरूनानक और सिक्ख धर्म
बहाउल्लाह और बहाइयों,
रजनीश और रजनीशियों,
ईसा और ईसाइयों,
मूसा और यहुदियों,

सब के साथ यही प्रश्न खड़े होते हैं– मै चिंतित होता हूँ इस पर सोच–सोचकर, यह देख–देखकर कि इनमें से प्रत्येक क्रांति अपने संस्थापक के हृदय में पले सपने के अनुरूप सनातन जीवी और संपूर्ण मानव जाति को एक करनेवाली सिद्ध होना तो दूर उल्टे अत्यंत अल्पजीवी और अपने ही अनुयायियों के ही एकता को कायम रख पाने में नितांत असमर्थ हो गई। देखते–देखते ही यह क्रांतियां स्थिति की शिकार हो गई और अपने ही भीतर फूट और विखराव के घर बन गई।

इसका कारण भी अब स्पष्ट हो गया है। बार–बार के दोहराव को देखते हुए– मनुष्य समाज के इतिहास, मनुष्य के मन की बनावट और पृथ्वी पर मनुष्य योनि की स्थिति में वे बीज ढूंढे जा सकते हैं।

मैं कोशिश में लगा हूँ कि आने वाली पीढ़ी को कुछ ऐसी बातों के प्रति जागरूक कर दिया जाए। एक ऐसी समझ पैदा की जाये मनुष्यों की चेतना में जिससे कि आने वाले ईश्वर के दूत को फिर वही असफलता ना देखना पड़े जो आज तक के इन दूतों को देखना पड़ा है और जिससे एक ही परिणाम को पुनः–पुनः देखकर मनुष्यों ने यह मान लिया है कि इतिहास स्वयं को दोहराता है।

मैं कोशिश में लगा हूँ कि मनुष्य जाति और धर्म का इतिहास अब दुहराव नहीं रह जाये बल्कि वह निरंतर विकासमान एक उर्ध्वगमन (उपर की ओर) बन जाए, विश्व चेतना (Collective Consciousness) का निरंतर आरोहण बन जाए, ऊपर और ऊपर आकाश को छू लेने को व्याकुल सापेक्ष बातों को निरपेक्ष सत्य के मार्ग में बाधा बनने से रोक कर निरपेक्ष सत्य की सेवा में लगा देना है।

मैं इसी काम में लगा हूँ। आज नही तो कल, कल नही तो आने वाले जन्मों में यह करके रहूँगा– परमात्मा के सभी सेवकों का आशीर्वाद मेरे साथ है –

ईश्वर का प्रत्येक दूत,
प्रत्येक पैगम्बर मेरे साथ है –

मुझे जो करना है वह आने वाले समय में होकर रहेगा– यही ईश्वर का आश्वासन है– अतीत में सभी ईश्वर के अवतारों और पवित्र पुस्तकों का इस पृथ्वी को दिया हुआ वचन है।

ईश्वर का वचन अवश्य पूरा होगा। हम उसे पूरा करेंगे। हम ईश्वर को अपने भीतर उतारेंगे। हम इस पृथ्वी को–

धर्म का,

एकत्व का,

प्रेम का और

परमात्मा की प्रार्थना का घर बना देंगे।

यह पृथ्वी एक जिंदा पूजाघर प्रार्थना मंदिर– अल्लाह का दरबार बनेगा।

वह दिन आ रहा है

वह युग आ रहा है

मैं उसे आते देख रहा हूँ।

आओ हम उसके स्वागत हेतु स्वयं को तैयार करें– आज से अभी से।

धर्म स्वयं ईश्वर है वह कभी विकृत नहीं होता!

वह अपनी सुरक्षा आप करता है।

मैं इस बात को भली–भाँति जानता हूँ कि आज तक के मनुष्य के इतिहास में वेदों के रचयिता ऋषियों से लेकर हमारे समकालीन भगवान श्री रजनीश जी तक की अक्षुण्ण परंपरा में हुए सभी ईशदूतों की एक ही आकांक्षा, एक ही अभीप्सा आ रही है– लोक कल्याण, पृथ्वी पर जीवन की सुरक्षा की व्यवस्था करना।

मैं इस बात को भी जानता हूँ कि–विचारणा की यह ज्योति बराबर एक के बाद एक किसी न किसी दीपक को आधार बनकर जलती ही रही है। परमात्मा ने स्वयं ऐसी कृपा बनाई रखी है पृथ्वीवासियों पर।

हर बार यही कोशिश की गई कि एक अंतिम प्रयास– सार्वकालिक एवं सार्वभौमिक हल को प्रस्तुत करने वाली जीवनशैली मनुष्य को सौंप दिया जाये– इसके सहारे दुनिया सदा के लिए शांति एवं समृद्धि का रास्ता पा ले।

मोहम्मद साहब ने तो साफ कह दिया कि कुरान आखरी पवित्र किताब है और वे स्वयं आखरी पैगंबर। वैसे हर पंथ, हर संप्रदाय के अनुयायी अपने–अपने हृदय में यही सोचते हैं कि उनका मसीहा दुनिया का सबसे सही एवं आखरी मसीहा है। ईसाई भी यही सोचते हैं, जैन और बौद्ध भी यही सोचते हैं, सिख और कबीरपंथी भी यही सोचते हैं, बहाई और रजनीशी भी यही विचार रखते हैं।

लेकिन मैं जानता हूँ कि यह सत्य नहीं है– यह सत्य होकर भी सत्य नहीं है। ऋषियों के बाद ऋषि हुए हैं,

बुद्ध के बाद बुद्ध होते रहे,

तीर्थंकरों के बाद तीर्थंकर होते रहे,

मोहम्मद के बाद भी पैगंबर हुए हैं,

बहाउल्लाह के बाद भी अनेक ईशदूत हुए,
जीसस के बाद भी अनेक ईशपुत्र होते रहे हैं,
नानक और गुरु गोविंद सिंह के बाद भी
गुरु पैदा हुए हैं और भगवान रजनीश के पश्चात् भी अनेकानेक भगवान होंगे।

परमात्मा की सृजनशीलता, उसकी शक्ति और उसकी कृपा का कोई अंत नहीं, कभी भी नहीं, यही परमात्मा के होने का प्रमाण है– जो अनंतकाल से अनंतकाल तक पृथ्वीवासियों को देखने में आता रहेगा।

मैं भी उसी अभीप्सा, उसी करुणा से भर उठा हूँ। मैं भी इस धारा के स्रोत से जुड़ गया हूँ।

मैं उसी भगवान के उद्रेक (प्रेरणा) से प्रेरित होकर तुम लोगों से कुछ बातें रोज–रोज कह रहा हूँ। जो मुझ पर, मेरी वाणी पर आज श्रद्धा रखेंगे वहीं कल मेरे साथ होंगे।

मनुष्य की प्रतिभा की कोई सीमा नहीं है और न ही ईश्वर प्रेरित मनुष्य के करूणा का कोई अंत होता है।

जब भी कोई धर्म संस्थापक सद्गुरु इस पृथ्वी पर अवतरित हुए यह महसूस किया गया कि, यह महत् कार्य सौ–पचास साल में ही संपन्न हो जाने वाला नहीं है– आखिर समूची मानवता का सवाल है तो ऐसा प्रयत्न होता रहा कि एक व्यक्ति से वह दूसरे उत्तराधिकारी के हाथों सौंप दिया जाता रहा– इस प्रकार कई पीढ़ियां इस काम में लग जाती थी।

किसी धर्म की स्थापना में एक से अधिक गुरुओं की श्रृंखला काम करती रही तो कोई कोई धर्म एक सद्गुरु फिर अनेक संतों के प्रयत्न से टिका रहा। इस प्रकार देखने से एक बात स्पष्ट है कि हर बार मानवीय प्रतिभा एवं ईश्वरीय करुणा का यही प्रयास रहा कि अबकी बार सारे विश्व के भविष्य के लिए एक सर्वांगीण और सर्व सुलभ व्यवस्था बना लिया जाये जिससे बारबार मनुष्यता को अंधकार घेर न सके और मनुष्यता इस उपलब्ध दीपक के सहारे अपनी यात्रा को सुगमता से तय कर सके।

सद्गुरु कभी–कभी उपलब्ध नहीं होते, समय का एक लंबा अंतराल कभी–कभी ऐसा आ जाता है कि कोई बुद्ध उपस्थित नहीं होता तब ऐसी रिक्त अवस्था में मनुष्यता के कल्याण और मार्गदर्शन हेतु पूर्व में हुए गुरुओं की वाणी का सहारा लिया गया, उन्हें ही गुरु का दर्जा प्रदान कर दिया जाता रहा। कुरान शरीफ और गुरु ग्रंथ साहिब ऐसे ही धर्म ग्रंथ हैं।

गुरुओं ने भरसक कोशिशें की है कि उनके द्वारा प्रतिपादित मार्ग अविकृत ही रहे इसी प्रयास के तहत किसी धर्म में संस्थापक द्वारा स्वयं को अंतिम पैगंबर घोषित किया गया तो किसी–किसी धर्म में दस या चौबीस गुरुओं की श्रृंखला स्थापित की गई। हिंदू और जैन धर्म ऐसे ही हैं। ईसाई और बौद्ध धर्म में पुरोहितों की श्रृंखला चलाई गई।

अभी–अभी बहाइयों और रजनीशियों के धर्म में यह प्रयत्न किया गया है कि संस्थापक सद्गुरु के वचनों को ज्यों का त्यों रखा जाये तथा एक विश्वव्यापी संस्थान द्वारा उसका प्रचार–

प्रसार किया जाए।

एक बात निर्विवाद रूप से उजागर है कि कोई धर्म अपने उद्भव से लेकर सौ साल तक तो भले ही ज्यों का त्यों शुद्ध बचा कर रखा जा सकता है लेकिन जैसे ही बाह्य संसार में, समाज में, लोगों की जीवनशैली में परिवर्तन आ जाता है वैसे ही समाज की समस्याएं और मनुष्यता के सम्मुख चुनौतियाँ नये–नये आकार प्रकार ग्रहण कर लेती है– तब यह धर्म–उपदेश, गुरुओं की वाणियाँ अपना प्रभाव उत्पन्न करने में इतनी सक्षम नहीं रह जाती तब जरूरत पड़ जाती है कि या तो कोई व्यक्ति ईश्वर की प्रेरणा से स्वयं को सद्गुरु घोषित करें और अपना नया समकालीन समाधान प्रस्तुत करें या कोई नवीन व्याख्याकार सामने आए जिसकी वाणी में पुराने संदेश को नये रूप में नई शब्दावली में लोगों के सामने प्रस्तुत करें। इसके सिवाय कोई अन्य विकल्प नहीं बचता।

यही वह मोड़ है जहां सच्ची धार्मिकता की परख होती है। यही वह मोड़ है जहां धार्मिक कट्टरपंथ और सच्ची आस्तिकता के बीच संघर्ष खड़ा होता है। इस संघर्ष से कोई धर्म नहीं बचा है चाहे इस संघर्ष को टालने की कितनी भी चतुराई पूर्ण व्यवस्था की गई हो।

आज की स्थिति को देखकर ऐसा नहीं लगता कि अभी वर्तमान जितनें भी धर्म पंथ है वे अपनी शुद्धता को बचाए रखने में कामयाब हो– सब के सब पुराने भी और नये भी, सब एक जैसे ही विकारग्रस्त हो चुके हैं। सभी धर्म एक से अधिक हिस्सों में विभक्त हो चुके हैं– कुछ के तो अनेक अनेक हिस्से हो चुके हैं– प्रत्येक स्वयं को अपने आदि गुरु का सर्वोच्च एवं एकमात्र उत्तराधिकारी कहता है। समाज बँट गया है– आये दिन उनके बीच संघर्ष होते रहते हैं। एक धर्म का दूसरे धर्म से इतना झगड़ा नहीं है जितना एक ही धर्म के भीतर उसके हिस्सों के बीच है। इन झगड़ों में खूनी हिंसा पैदा होती रही है।

कुछ बातें हैं जिन पर मैं अपनी ओर से कुछ कहना चाहता हूँ।

गुरुओं की वाणियाँ इतनी सीधी साफ होती है, उपनिषद् इतने स्पष्ट हैं, कुरान इतना स्पष्ट है, धम्मपद और गीता और जपुजी साहब इतने साफ–साफ हैं– बहाउल्लाह और रजनीश जी की बातें इतनी साफ है की वे खुद ही बोलती हैं उन्हें किसी की व्याख्या की जरूरत नहीं है।

फिर भी जीवन की बनावट ऐसी है कि वह स्थिर कभी दो क्षण के लिए भी नहीं होता– निरंतर प्रतिक्षण नया होता ही रहता है। हर समय नये होते रहने की अनिवार्यता के कारण स्वाभाविक है कि प्रश्न भी नये–नये, समस्याएं भी नई–नई खड़ी होती है।

गुरुवाणियाँ कितनी भी स्पष्ट हो फिर भी जिंदा गुरु की आवश्यकता समाज को पड़ती रहती है। आदमी को आदमी के संवाद की जरूरत पड़ती ही है– जिंदा आदमी की।

और धर्म के सापेक्ष नीति नियमों वाले हिस्से का पुर्ननवीकरण समय–समय पर आवश्यक हो जाता है। लोगों में जैसे ही अंधानुकरण एवं धर्मोन्माद फलने फूलने लगता है और धर्म के शाश्वत निरपेक्ष सिद्धांतों पर जोर कम और कालबाधित सामाजिक कायदे कानून पर पकड़

बढ़ती जाती है– आदमी पाखंडी और नकली और मूढ़ताग्रस्त होने लगता है– तब पुनः जरूरत पड़ती है किसी प्रबुद्ध व्यक्ति की जिसमें सत्य, न्याय और समता को प्रतिष्ठित करने की दुर्दम्य आकांक्षा हो, जिसमें विराट मानवता को सुख शांति प्रदान करने की अदम्य करुणा भरी हुई हो और जिसमें प्रतिभा तथा परमात्मा बोध उतर आया हो– वही अपने ढंग से पुराने संदेश को नये शब्दों में डालकर सहज सुबोध बनाकर संसार को धर्म के गूढ़ निरपेक्ष तत्वों को स्पष्ट करता है– वह कभी तो मात्र व्याख्याकार के रूप में स्वयं को प्रस्तुत करता है– और कभी–कभी वह स्वयं को एक नये धर्म के संस्थापक के रूप में प्रस्तुत करता है। जैसा उसे उचित लगता है वैसा ही वह करता है।

इस प्रकार समय–समय पर नये–नये प्रबुद्ध व्यक्तियों का प्रकटीकरण होता रहता है। चाहे दुनिया उसे स्वीकारे या न स्वीकारे, चाहे उसको मान दे या अपमान दे– वह अपना काम करते ही जाता है अपनी अंतिम श्वास तक।

हर प्रबुद्ध व्यक्ति अपनी पहचान एक न एक दिन दुनिया के समक्ष पैदा कर ही लेता है– देर सबेर उससे दुनिया परिचित होती ही है। यह ईश्वरीय योजना के अनुरूप होकर ही रहता है। समाज में जो जड़ता व्याप्त होने लगती है उसे थोड़ी देर तक दूर हटाने और संतप्त हृदय को आश्वस्त करने का यह पुण्य कार्य करके ही वह दम लेता है।

वह व्यक्ति स्वभावतः विद्रोही होता है– वह स्थिति, स्थापक अवस्था– स्थापित प्रशासनिक ढांचा और अंधानुकरण पर आधारित धर्म व्यवस्था के खिलाफ अपने तीखे तर्कों का प्रयोग करता है और साथ ही साथ अपने अनंत प्रेम तथा मधुर वाणी तथा मृदुल व्यवहार से लोगों को अपनी ओर आकर्षित कर ही लेता है– वह अपनी सहनशीलता तथा रहस्यपूर्ण शक्ति स्रोत से लोगों के हृदय में श्रद्धा एवं आदर पैदा कर लेने में समर्थ हो जाता है।

एक बात को मैं जोर देकर कहता हूँ कि ईश्वर, धर्म, शांति, जीवन, प्रार्थना, प्रेम, ध्यान, करुणा, रहस्य और व्यवस्था आदि शब्दों से चाहे कितनी भी अमूर्तता, अगोचरता, कोमलता या स्त्रैणता परिलक्षित होती हो, कितनी ही विरलता एवं शून्यता प्रतीत होती हो यहां तक कि अस्तित्व ही नहीं हो इनका जैसे इतना अस्तित्वहीन लगते हों किंतु यह सत्य है कि यह सब शब्द किसी विधायक(Positive) तत्व या स्थिति के द्योतक हैं, इनमें विधायकता (Positivity) है।

यह तथ्य जो अनुभवी है आध्यात्मिक सच्चाई के– जिन्हें बोध हो गया हो ऐसे लोगों को मालूम है कि वस्तुतः अस्तित्ववान क्या है– वे संसार के स्वभाव को भी जानते हैं और परमार्थ को भी पहचानते हैं। वे अच्छी तरह जानते हैं कि कौन चिरायु (Long Live) है और कौन अल्पायु।

मैं कहना चाहता हूँ कि
संसार में चाहे कितना भी अंधकार छा जाए,

संसार में चाहे कितना भी कट्टरपन छा जाए,
संसार में चाहे कितनी भी मूढ़ता व्याप्त हो जाए,
संसार में चाहे कितनी भी जड़ता व्याप्त हो जाए,
हिंसा, अन्याय, झूठ, पाखंड और अव्यवस्था पनप जाए,
रोग शोक से पृथ्वी हाहाकार कर उठे
लेकिन यह निषेधात्मक दशा (Negative State)
यह त्रास और पीड़ादायी दशा–
जल्दी ही नष्ट हो जाने के लिए बाधित होती है– अल्प आयु होती है हर नकारात्मक स्थिति।
इसी के गर्भ से
नया सूर्य,
नया जीवन,
नई आशा,
नये राह का प्रकटन भी
शुरू हो जाता है।

मानवता ने अपने जीवन में पुनः–पुनः इस सच्चाई को देखा है। जब–जब धर्म धूमिल होने लगता है तब–तब उस धर्म की ज्योति को पुनः जलाने के लिए– कोई न कोई मनुष्य देह प्रकट हो ही जाता है।

कृष्ण से लेकर रजनीश तक की श्रृंखला का मनुष्यता साक्षी है। यह श्रृंखला वैसे ही अंतहीन है जैसे स्वयं ईश्वर या धर्म अनंत है।

मेरा कहने का तात्पर्य यह है कि मनुष्य ईश्वर की महिमा को स्थापित नहीं करता मनुष्य धर्म की रक्षा नहीं करता, शांति को मनुष्य नहीं पैदा करता, करुणा और ध्यान मनुष्य नहीं सीखाता, प्रेम और बोधि मनुष्य के प्रयास से नहीं फलता–फूलता,

सत्य और न्याय को मनुष्य बल नहीं प्रदान करता–
उल्टे ईश्वर अपनी महिमा को
स्वयं स्थापित करता है,
धर्म स्वयं की रक्षा करने में
सदैव समर्थ है,
सत्य और न्याय स्वयं ही
अपनी गरिमा से पूजे जाते हैं और स्वीकार्य होते हैं–
प्रेम और करुणा अपने आप ही फलते फूलते हैं–
बोध और ध्यान से ही ये प्रकट होते हैं एवं अवतरित होते हैं–

इनकी सुरक्षा आदमी के द्वारा नहीं होती वरन् आदमी की सुरक्षा इनके द्वारा होती है। हमारे प्रयासों से हम इन्हें सुरक्षित नहीं रखते वरन् अपनी कृपा एवं वत्सलता से ये हमारी रक्षा करते आए हैं।

यही वास्तविकता है।

मनुष्यता के प्रारंभ से लेकर आज तक प्रत्येक सद्गुरु ने यही प्रयत्न किया कि धर्म की रक्षा हो, आस्तिकता कि रक्षा हो, सत्य की रक्षा हो–

इसके लिए जिसे जो सूझा वैसी व्यवस्था दी लेकिन पुनः उस मनुष्य शक्तियों एवं मनुष्य वांछित प्रयासों के बावजूद मनुष्य निर्मित वे धर्म धूमिल होते रहे–

यहां तक कि खंडित भी होते रहे

संसार की अन्य बातों की तरह
एक आयु पाकर मिटने–मिटाने के
करीब चले गए।
फिर भी धर्म नहीं मिटा,
ईश्वर नहीं मिटा
न्याय और सत्य नहीं मिटा,
प्रेम और करूणा नहीं मिटी,
ध्यान और बोधि नहीं मिटी,
ये न कभी धूमिल हो सकते हैं
न मिट सकते हैं।

यह सब नाम और कर्म से भले ही भिन्न–भिन्न तत्व की भांति प्रतीत होते हों लेकिन वस्तुतः ये सब एक ही–

अखंड,
शाश्वत,
अनादि,
अनंत,
पूर्ण,
अव्याकृत,
अनुपम,

और सच्चिदानंद परमात्मा है, अल्लाह है, आस्तित्व है, उसकी महिमा का वर्णन कौन कर सकता है भला।

वह अपनी स्थापना आप ही करता है, वह हर क्षण स्वयं को नये–नये वस्त्राभूषणों से

सजाता सँवारता रहता है– वह सनातन होकर भी चिर नूतन है।

वही प्रकट होता है इन प्रबुद्ध व्यक्तियों की आत्माओं में। वही वाणी बनता है इन सद्गुरूओं के भीतर, वही कभी जिंदा गुरू बनता है, कहीं पवित्र पुस्तक भी वही बनता है।

वही बनाता है अंधकार, वही रचता है प्रकाश।

मनुष्य को उसी ने महिमा प्रदान की है कि वह उसका गुणगान करें, उसे पहचाने और उसके समक्ष झुक जायें चाहे वह मनुष्य कोई सामान्य जन हो या कोई देवदूत या अवतार हो सबसे ऊपर है–

परमात्मा,

सबका मालिक परमेश्वर

सिर्फ वही है शेष सब स्वप्न है। सब रोना, धोना, हर्ष–शोक स्वप्न है।

सिर्फ वही सत्य है।

सब बनना मिटना स्वप्न है सिर्फ वही सत्य है।

मनुष्य भी एक स्वप्न है– सब शब्द स्वप्न है सिर्फ– परमात्मा ही सत्य है।

वह सत्य इतना विराट है और अपने विस्तार को इतने रहस्यपूर्ण ढंग से बांधे हुए है कि उसके प्रभाव से ,उसकी उपस्थिति से ये सारे स्वप्न भी सत्य प्रतीत होते हैं।

उसके स्पर्श से कोई भी नहीं छूटता– उसके स्पर्श के कारण ही कोई सत्य प्रतीत होता है। लेकिन अनुभवी लोगों का यही अनुभव रहा है कि

– एकमात्र वही है

– वही वही है सर्वत्र

– सब कालों में

– सब वेशों में

– सब रूपों में

परिशुद्ध, पावन और अनंत होकर।

मेरा काम

ईशदूतों के स्वप्न का एकत्व

और उनके संस्थानों का एकीकरण

आज जो मैं तुम लोगों के समक्ष कहने जा रहा हूँ वह मेरे इस जन्म के किसी उपक्रम की बात नहीं है।

इसका सीधा संबंध इस संसार के आने वाले आगामी सद्गुरू के उपक्रम से है। वह इसे पूरा करेगा।

मैं स्वप्नदर्शी नहीं हूँ, हाँ रहस्यदर्शी कहना ज्यादा उपयुक्त होगा– भविष्यद्रष्टा भी कह

सकता हूँ मैं स्वयं को– यह इतना सीधा साफ है मुझे। यही शायद ईश्वर की योजना है।

मैं जब ईशदूतों की वाणियों को देखता हूँ तो यह देखकर परम आश्चर्य में पड़ जाता हूँ और जरा भी आश्चर्य नहीं होता कि उनकी सबकी वाणियों में एक ही सपना परिलक्षित होता है –

एक ही सनातन स्वप्न,
एक सा श्रम,
एक सी ही योजना,
एक जैसा ही उपदेश,
एक जैसा ही आश्वासन,
एक जैसा ही वादा, सब एक जैसा –
चाहे उनमें से एक दूसरे के प्रकट होने के बीच सैकड़ों वर्षो का अंतराल
क्यों न हो किंतु संदेश वही,
बातें वही,
ज्योति वही,
प्रकाश वही।

तो एक बात स्पष्ट है कि समय और स्थान की दृष्टि में देह की दृष्टि से एक दूसरे से ये सभी कितने ही भिन्न–भिन्न दिखलाई पड़ते हों लेकिन सच्चाई यही है कि –

एक ही ज्योति,
एक ही आका,
एक ईश्वर ही
प्रकट होता रहा है इन अनेक रूपों में,
इन अनेक वाणियों में।

पृथ्वी पर प्रकट हुए सभी सद्गुरूओं में एक ही ज्योति का बार–बार आना हुआ है।

एक ही वाणी है,
एक का ही सपना है,
एक की ही योजना है,
एक का ही श्रम है।

आज जो ये भिन्न–भिन्न धर्म, भिन्न–भिन्न संस्थान दिखलाई पड़ रहे हैं – वे तमाम मौजूद धर्म–संस्थान एक ही गुरू के सपने को पूरा करने के लिए बने हैं और दुनियाँ भर में फैले ये भिन्न–भिन्न संप्रदायों के अनुयायी गण भी एक ही योजना, एक ही लक्ष्य को पूरा करने के लिए काम में जुटे हैं।

आनेवाले आगामी सद्गुरू के लिए एक ही काम सबसे महत्वपूर्ण होगा कि उस समय तक

पृथ्वी पर जितने भी धर्म एवं धर्म संस्थान होंगे उनमें एकत्व स्थापित करना और उनके मार्गदर्शन में जितने भी लोग दुनिया में जो आपस में बँटे हुए हैं और टुकड़ों–टुकड़ों में बँटे हुए हैं तथा अज्ञानता एवं राजनीति करने वालों के कारण आपस में एक दूसरे को प्रतिस्पर्धी मान बैठे हैं, वे सब अब समझ लें इस बात को कि वे न सिर्फ एक ही गुरू सत्ता के शिष्य हैं, वे परस्पर एक हीं लक्ष्य को पृथ्वी पर संभव करने में लगे हुए हैं, उन्हें अब अपने–अपने घेरों को तोड़कर आपस में एक होना है और अपने सद्गुरू के भिन्नता और मौलिकता को भूलकर उस ज्योति को ध्यान में रखना होगा जिसके अवतरण होने से ये ईश–दूत स्वयं के सद्गुरू होने की घोषणा कर सकें और अपना योगदान मानवता की चेतना को कुछ ऊपर उठाने की दिशा दे सकें। समस्त सद्गुरूओं की एक ही चेष्टा थी कि संसार में सुख और शांति का जीवन हो।

सुख आता है विज्ञान से और शांति आती है धर्म से। सुख आता है वैज्ञानिक बुद्धि तथा श्रम से तथा शांति आती है आस्तिक प्रवृति तथा प्रार्थना से।

विज्ञान और धर्म को अपनी जीवन शैली बना लेना ही सुख और शांति का आधार है।

प्रत्येक बुद्ध की उपदेशना में यही दो साधन और यही दो साध्य रहे हैं– हर काल में हर देश में।

आज भी वही काम जारी है और आनेवाले आगामी बुद्ध को भी इसी काम को संपन्न करना होगा। और यह संभव हो सकेगा– समस्त सद्गुरूओं के एक स्वप्न के आधार पर उनकी आत्माओं में एक ही आत्मा की स्थापना करने से और उन धर्मो के अनुयायियों को उनकी सीमाओं से बाहर निकालकर एक ईश्वरीय योजना के लिए उन्हें तत्पर करने से। दुनियाँ भर के धार्मिक जनों की समझ में एक एकत्व आ जायेगा और एक ही लक्ष्य के साधन रूप में स्वयं को ये अनुयायी समर्पित कर देंगे तब सैकड़ों हजारों वर्षो का यह श्रम तथा सैंकड़ों सद्गुरूओं, संतों और साधुजनों का यह स्वप्न साकार होने लगेगा।

निश्चित ही इस महान लक्ष्य की सिद्धि में अतीत में हुए सभी महान ईश्वर–पुत्रों एवं ईश्वर भक्तों की तपस्या का ही आधार बल होगा लेकिन सेहरा उसी आगामी सद्गुरू के सिर बँधेगा। युग उसे ही अपने मसीहा के रूप में जानेगा।

यह काम इतना बड़ा एवं मूल्यवान है कि स्वाभाविक है उस महान बुद्ध की महिमा का ऐसा गुणगान हो। उस महान बुद्ध की यही खूबी होगी कि उसके नाम पर कोई पृथक संस्थान कभी खड़ी नहीं होगी। जो कुछ भी श्रम वह उठायेगा, एक मात्र परमेश्वर के नाम पर होगा, धर्म के नाम पर होगा, समस्त मानवता के नाम पर होगा।

निश्चित ही आगामी सद्गुरू का कोई अपना पंथ या अनुयायी गण नहीं होगा, वह हिंदू–जनों को भी संबोधित करेगा

और वह इस्लामियों को भी

ईसाईयों को भी

जैनों को भी

बौद्धों को भी संबोधित करेगा,

इन विभिन्न धर्म अनुयायिओं को उनके ही स्थानों पर जाकर संबोधित करेगा– सब मंचों से वह अपनी बात को कहेगा– सबसे एक ही बात को कहेगा, वह सबको अनुभव करा देगा कि यह शख्स कोई और नही है यह तो उनका अपना आदि सद्गुरू है।

यह तो कृष्ण है,

यह तो नानक है,

यह तो बुद्ध है,

यह तो महावीर है,

यह तो स्वयं बहाउल्लाह है,

जीसस ही है।

वह स्वयं तो होगा ही नहीं, सबका होगा वह और सब उसके होंगे।

इस प्रकार उसका काम इतने विराट पैमाने पर संपन्न होगा जितना आज तक के किसी सद्गुरू के हाथों संभव न हो सका।

संपूर्ण मानवता एक व्यक्ति को जब अपना मसीहा स्वीकार लेगा तब तत्कालीन ये विभिन्न धर्म अपनी सीमाएं तोड़कर अपने द्वार खोल देंगी और सभी अनुयायियों के लिए मुक्त आकाश उपलब्ध हो जायेगा। संपूर्ण पृथ्वी तब सही अर्थो में धार्मिक होगी और यह पृथ्वी–

ईश्वर का मंदिर बन जायेगा ,

एक ईश्वर का,

मानवीय धर्म का,

जिसकी जीवन शैली होगी विज्ञान और धर्म का समान सम्मानपूर्ण उपयोग।

इसी तरह पृथ्वी पर सुख और शांति जन–जन को सुलभ कर दिया जायेगा। यह मनुष्य जाति के अब तक के हजारों–हजारों वर्ष के स्वप्न देखने एवं श्रम करने के परिणाम के रूप में होगा।

यह मनुष्य जाति को ईश्वर का पुरस्कार होगा, यह मनुष्य जाति की सर्वोच्च उपलब्धि होगी।

ईश्वर को अपने बीच उतार लाना, ईश्वर को अपने श्वास–श्वास में बसा लेना।

यह वही काम है जिसको हजारों हजारों वर्ष पूर्व शुरू किया गया था– अब आने वाले समय में उसे पूरा कर लिया जायेगा।

वह जिसके आने की भविष्यवाणी सभी कालों में सभी सद्गुरूओं के द्वारा होती रही है– वही आ रहा है– वह इस काम को पूरा करेगा। यह सुनिश्चित है।

करूणा

मनुष्य योनि इस जीव सृष्टि में सचमुच सबसे ज्यादा मूल्यवान योनि है। यह वह अवसर है जिसमें जीव परमेश्वर के विषय में भी जिज्ञासा करता है और न सिर्फ जिज्ञासा करता है वरन् कभी–कभी, कोई–कोई व्यक्ति उसे अनुभव भी करने लगता है। इसी को सतोरी कहते है।

यह अनुभव इतना मीठा और आह्लादकारी होता है कि व्यक्ति पर इसका नशा हो जाता है। एक ऐसा नशा कि फिर उसे संसार की किसी भी चीज में ऐसा आकर्षण नहीं रह जाता। वह संसार से बेखबर और सतत् रूप से परमेश्वर में लीन रहने लगता है। यही सातत्य समाधि या ब्रह्मज्ञान कहलाता है।

ब्रह्म को जो जानता है, वही ब्रह्म हो जाता है। व्यक्ति जिस अनुभव को जीता है उस अवधि में सहज तादात्मय होने के कारण वह वही अनुभव हो जाता है, उसका रोआँ–रोआँ, उसका उठना–बैठना, उसका बोलना, चुप रहना, उसकी हर गतिविधि उस अनुभव के सुख को प्रकट करता है। वह अपने अनुभव का जीता जागता जिंदा मिसाल, प्रत्यक्ष प्रमाण बन जाता है।

मैं जब यह कह रहा हूँ तब परोक्ष रूप से मानो स्वयं के विषय में ही कह रहा हूँ।

परमात्मा के इस अनुभव के साथ ही साथ अनुभवकर्ता को यह भी अनुभव होता है कि यह आत्मतृप्त पूर्ण परमेश्वर अपनी तृप्ति और पूर्णता के साथ–साथ अपनी सृष्टि के कण–कण के प्रति अत्यंत मृदुल प्रेम से युक्त है– इसी प्रेम को शास्त्रों ने करूणा कहा है।

परमात्मा अपनी करूणा से ही जीवों की प्रार्थनाओं को सुनते हैं और कृपा उन तक पहुँचाते हैं।

ब्रह्मज्ञानी भी करूणा से ही लोगों की आर्तवाणी को सुनते हैं तथा अपने अमृत उपदेशों से उनके संतप्त हृदयों को शीतल करते हैं। करूणा ही माध्यम है जिससे ईश्वर के अवतार तथा संत महात्मा संसार के प्रति अपनी जिम्मेदारी को महसूस करते हैं और उसे पूरा करते हैं।

मैं उसी करूणा के हिलोरों को अपने भीतर महसूस कर रहा हूँ। परमात्मा का नशा है ही ऐसा कि उसके सामने कोरी समाधि का नशा भी ना कुछ हो जाता है।

करूणा इस पृथ्वी पर मनुष्य को मिला परमात्मा का सबसे बड़ा दान है। यह सबसे बड़ा, सबसे ऊँचा सद्गुरू है, सद्धर्म है इस गुण के प्रादुर्भाव से ही व्यक्ति के हृदय में सच्ची धर्मिकता का अवतरण पहचाना जाता है। करूणावान होना प्रभु के सेवक की एकमात्र पहचान है।

मैं प्रभु की सेवा के लिए चुन लिया गया– इस बात के अहसास ने मुझे कितनी खुशी, कितनी धन्यता से भर दिया है– कह पाना मुश्किल है– इतना ही कह सकता हूँ कि इसे किसी भी भाँति मानव–निर्मित मापदण्डों से मापा नहीं जा सकता।

लीला

मैं अनेक बार सोचता रहा हूँ कि परमात्मा को किस रूप में देखूँ, मैं किस भाँति परमात्मा के साथ एक होऊँ, किस नाम से उसे पुकारूँ, किस चीज से उसकी पूजा करूँ, कैसे पूजा करूँ, किस तरह, किन शब्दों से उसकी प्रार्थना करूँ, उसका कीर्तन करूँ, क्या अर्पित करूँ कि परमात्मा को क्या प्रिय है– मैं क्या करूँ कि परमात्मा मुझ पर प्रसन्न हों, यह मैं बार–बार सोचता रहा हूँ।

कभी सोचा कि उसके सगुण रूप अवतारों को मान लूँ, कभी सोचा कि देवी, देवताओं के मनोहर छवियों को मान लूँ , कभी सोचा कि संत महात्माओं को मान लूँ , कभी लगा कि बुद्ध को, सद्गुरू को मान लूँ , कभी लगा भगवान को मान लूँ, कभी लगा भगवती को मान लूँ, कभी शिव को मान लूँ, ऐसा सोचा तो कभी लगा शक्ति को मान लूँ कभी ध्यान करूँ, समाधि को जानूँ तो कभी लगा ध्रुव प्रह्लाद की तरह श्री हरि श्री हरि का जाप करके नारायण की भक्ति करूँ। ऐसा बार–बार सोचा।

फिर कभी लगा निर्विकल्प समाधि को साध लूँ, निराकार वासुदेव को मान लूँ– उसी में डूब जाऊँ। शून्य में डूब जाऊँ, महाकाल में डूब जाऊँ, सच्चिदानंद भगवान से एकरूप हो जाऊँ।

कभी मोक्ष की कामना की, तो कभी निर्वाण की, कभी कैवल्य की, तो कभी जिनत्व की, कभी मौन की, तो कभी पूर्ण कर्म संन्यास की– ऐसा मैं बार–बार सोचता रहा, कभी कर्म योग– अहं के समूल उच्छेद को ही साधना चाहा, तो कभी इस उहापोह को ही छोड़ कर जैसा सब जीते हैं वैसा जीवन को उसके सब रंग–ढंग में जीने को ही श्रेष्ठ समझा– देह का स्वीकार, मन का स्वीकार, अहं का स्वीकार, स्वप्न का स्वीकार, अविद्या का स्वीकार, वृत्तियों का स्वीकार ऐसा सोचा।

परमात्मा को कैसे जानूँ, कैसे प्यार करूँ, कैसे रिझाऊँ– कैसे मैं परमात्मा हो जाऊँ बार–बार हजार बार मैं सोचता रहा हूँ।

और जो रंग–ढंग मैंने जिया परमात्मा के स्वाद को जैसा मैंने पाया चूँकि मैं कोई कठिन साधना, व्रत, नियम, उपवास, संयम आदि से तो गुजरा नहीं तो भला मैं दावा कैसे करता, आग्रह कैसे करता कि यह परमात्मा का ही स्वाद है लेकिन हाँ, स्वाद में निर्भारपन, आनंद और सरलता को अवश्य महसूस किया। उसके पीछे तमाम संतों– सद्गुरूओं और संपूर्ण अस्तित्व की कृपा वर्षा को जरूर महसूस करता रहा– लेकिन जो अनुभव मिला उसे मैं परमात्मा का ही अनुभव मान लूँ ऐसा तो कदापि कह नहीं सकता था– तो उस अनुभव को लिये–लिये मैं यहाँ, वहाँ गया, इस–उस ग्रंथ को पढ़ा, इस मंदिर में गया, इस मूर्ति उस मूर्ति को देखा तो हर बार यही महसूस किया कि अरे यह तो वही है जिसे मैंने जाना है– जो मेरे प्राणों की गहराई तक पैठ कर आत्मा में

बैठ गया है। वह अनुभव अचलेश्वर होकर स्थिर हो गया है अब।

जीवन को जीता हूँ– ग्रंथों को पढ़ता हूँ, गुरूवाणियों को सुनता हूँ, अवतारों की जीवनियों में झांकता हूँ तो हर बार यही पाता हूँ कि यह तो वही है जो मुझमें समाया हुआ है– वे सब मेरे साक्षी हो गये हैं। अब मैं क्या हूँ, कैसा हूँ– सही या गलत– यह तो परमात्मा ही जाने लेकिन आत्मतृप्त– अपने में ठहरा हुआ अवश्य हो गया हूँ और स्वयं के भीतर लोक मंगल की एक दिव्य कामना, समस्त प्राणी जगत के लिए दिव्य प्रेम को अवश्य महसूस करता हूँ जो अनंत है– और मेरे जीवन की एकमात्र वासना हो गयी है तथा आगामी जीवन यात्रा का एक मात्र आधार बनता जा रहा है। स्वयं की ऐसी स्थिति के लिए परमात्मा के प्रति अत्यंत धन्यता एवं अनुग्रह का बोध भर गया है हृदय में। उसका काम वही समझे– उसकी लीला को कौन जान सका है आज तक– जिसे जो करवाना होता है– उसे वही तैयार करता है– और वही सब शक्ति देता है तथा सूत्रधार की तरह जो कुछ वह चाहता है– वह सब करवा लेता है। मुझे वह जो करवाये– मैं प्रसन्न हूँ उसकी प्रसन्नता में।

उसकी प्रसन्नता में प्रसन्न रहना ही मेरी पूजा है, प्रार्थना है, ध्यान है, समाधि है, मोक्ष है, निर्वाण है। अब तो वही है– उनकी लीला।

लीला

मैं अब स्वयं पर आता हूँ। मुझे जब से मेरे सद्गुरू भगवान रजनीश जी (ओशो) मिलें तभी से इस बात की ओर मेरा ध्यान बरबस जाता रहा कि वे कर्म तो करते हैं, किसी की स्तुति गाते हैं तो किसी की कटु आलोचना, किसी को प्रिय लगने वाले कर्म करते हैं तो किसी को अप्रिय लगने वाले भी कर्म करते हैं, कोई उन्हें योगी समझता है तो कोई भोगी, कोई उन्हें सत्यवादी मानता है तो कोई महान पाखण्डी– कभी वे उठते दिखते हैं कभी बैठते– कभी बोलते तो कभी चुप होते– लेकिन मैं हर क्षण उनको एक अलग ढंग से ही महसूस करता था– वह यह कि वे यह सब होते हुए भी यह सब करते हुए भी कहीं भीतर ही भीतर एक महाशून्य हैं– सिर्फ साक्षी हैं मुझे लगता कि वे अपने कर्मो को और सबके कर्मो को सिर्फ देख रहे हैं– बिना किसी प्रकार के देय और उपादेय की धारणा के– बिना किसी प्रतिक्रिया के– मन तो जैसे है ही नहीं उनमें।

मैं दर्शनशास्त्रों में परमात्मा के ब्रह्मरूप का खूब विवरण पढ़ चुका था, हृदय में श्रद्धा थी इसलिये आस्तिक बुद्धि भी थी– लेकिन उनको देखने के पहले कभी किसी को इस तरह जीते नहीं देखा था, पहली बार ऐसा लगा कि जिस ब्रह्म का वर्णन समस्त दर्शनशास्त्र और योगशास्त्र करते हैं– तथा जिस अवतार ग्रहण करते या बुद्ध होने, तीर्थंकर होने की बात शास्त्र और पुराण करते हैं– उसी को मैं जिंदा इस रूप में रजनीश (ओशो) नाम रूपधारी इस देह में देख रहा हूँ।

मुझे तो जैसे चाबी ही हाथ लग गयी, जीवन को जीने की कला की, उन्हीं दिनों से लीला और महारास की अनुभूति और प्रत्यभिज्ञा होने लगी मुझे।

तब से मेरा जीवन भीतर–भीतर ही बदलने लगा। मैं बाहर कुछ और, भीतर कुछ और होता गया। और एक साक्षी का जन्म हो गया। इस बात का उल्लेख मैंने अपने प्रारंभ के दिनों में जो कुछ कहा है उसमें भी बार–बार आया है कि सब हो रहा है और मैं देखते जा रहा हूँ।

तब से आज इस घड़ी तक मेरे संन्यास जीवन में अनेकों घटनाएँ घटी है– किसी को प्रिय लगने वाली, किसी को अप्रिय लगने वाली, किसी की स्तुति तो किसी की आलोचना, कहीं झूठ तो कहीं सच, कभी हर्ष तो कभी शोक– कभी मान तो कभी अपमान– सब होता गया– मेरे अपने जीवन में– मेरे परिवेश में जो है उनके जीवन में– लेकिन मैं सतत् जानता रहा कि वस्तुतः यह सब होना– चिन्मय है– यह सब रहस्यमय और अव्याख्येय है– कारण कार्य के रूप में प्रतिभासित होकर भी– परमात्मा के द्वारा खेला गया खेल है।

न कहीं कोई करने वाला पृथक–पृथक कर्त्ता है न कहीं कर्म फल उत्पन्न होने वाला कर्म है– न कहीं बंधन है– न कहीं मोक्ष है, है तो सिर्फ एक अद्वितीय– स्वरूप के आनंद में डूबा हुआ चिन्मय परमात्मा ही है। वह आत्मलीन है– वह अपने सिवा किसी दूसरे को नहीं जानता। वही स्वयं को खेलने के लिए एक इधर और एक उधर इस तरह बँट कर खेल रहा है।

मैं अपने ऊपर ध्यान देता हूँ तो इस अनिर्वचनीय अवस्था से आत्म मुग्ध हो जाता हूँ– मैं किसी की ओर देखता हूँ तो आत्म मुग्ध हो जाता हूँ।

लीला का स्वाद– अमृत का अनुभव है।

जो इसे जानेगा वही मुझे सर्वांग रूप से समझ सकेगा, और मुझे ही नहीं, इसी बहाने वह स्वयं को भी और इस संसार में सबको समझ सकेगा जैसा मैंने अपने सद्गुरू को देखकर समझा।

एक अनंत महत्वपूर्ण खेल है यह जीवन– जो संसार कहलाता है वह वस्तुतः परमात्मा है,परमात्मा की लीला है– परमात्मा का कर्म है।

ऐसा जो नहीं जानता– दुःख और पीड़ा फिर उसका भाग्य बनता है।

और जो ऐसा समझ लेता है– उसको तत्काल वहीं मुक्ति, वहीं सौभाग्य मिल जाता है जो सौभाग्य गोकुल वासियों का था। अर्थात् जीवित–मोक्ष।

इस अनुभव के साथ मैंने जो-जो जीवन जीया उसके पीछे यदि कहीं कोई प्रेरक तत्व कुछ रहा तो सिर्फ इतना कि मैं इस संकल्प से जुड़ गया कि अपने अंतिम श्वास तक मैं सिर्फ एक ही बात का ध्यान रखूँगा कि जो भी व्यक्ति मेरे प्रति श्रद्धा रखेंगे, जो भी मेरे समीप मुझसे किसी मदद के लिए आयेंगे, जिनके लिये मैं जो कुछ कर सकता हूँ वह मैं अवश्य करूँगा– ऐसा नहीं हो कि मुझे इस शरीर को छोड़ते समय यह शिकायत स्वयं से रह जाये कि मेरे पास अवसर था, शक्ति थी, साधन था और मैं जो कर सकता था वह मैंने नहीं किया– बस इसी संकल्प की प्रेरणा से

यह जीवन संचालित हो गया– न मैं नीति जानता हूँ न अनीति, न सच जानता हूँ न झूठ, न पाप जानता हूँ, न पुण्य– मैं अपने ही बनाये संकल्प का अनुसरण कर रहा हूँ– अपने ही बनाये मर्यादा के भीतर। और मैं तृप्त हूँ स्वयं से क्योंकि परमात्मा मेरे साथ है। और कुछ मैं नहीं जानता– सिर्फ एक अनंत–अनंत रहस्य को देख रहा हूँ प्रति पल।

मुझे कुछ भी होने, कुछ भी जानने का भाव नहीं है मैं नहीं जानता कि मैं क्या हूँ, कौन हूँ। न मैं यह कह सकता हूँ कि यह सब जो हो रहा है वह क्या है मैं समस्त विशेषणों, समस्त तादात्मयों से अपने को और इस अस्तित्व को, तुमको– सबको– एक आश्चर्य की दृष्टि से देखता हूँ– ऐसी अहंकार शून्यता की अवस्था है।

लेकिन कुछ है– शायद वही वासुदेव है– परमात्मा है, मैं भी वही कुछ हूँ– तुम भी वही कुछ हो– सब– वही है। रहस्य–रहस्य–रहस्य। और मधुर–मधुर–मधुर।

अनंत अनंत की उपासना:

यह जीव सृष्टि जीवों के अदृष्ट (कर्म) के आधार पर हुई है। यही संसार कहलाता है। यह एक महासागर की भाँति है जिसमें अपने अस्तित्व रक्षा हेतु और इससे पार होकर किनारे लगकर मुक्ति की श्वास लेने हेतु प्रत्येक जीव छटपटा रहा है।

यह संसार अत्यंत लुभावना लगता है इन जीवों को, एक इन्द्रजाल की भाँति इससे जीव सम्मोहित हो–होकर जहाँ एक ओर छटपटाते हैं, वहीं दूसरे ही पल उसमें आसक्त भी हो जाते हैं।

इस छटपटाहट और आसक्ति के बीच कोई–कोई जीव कभी कभी इस अंतहीन सी लगनेवाली यात्रा से ऊबने से लगते हैं– वे कभी–कभी किसी शास्त्र, किसी सत्संग, किसी योग चर्चा आदि के संपर्क में आते हैं– किंतु फिर–फिर अपनी पुरानी नींद के कारण मूर्च्छा में पड़ जाते हैं।

ऐसे में अपने भीतर अत्यंत तीव्रता से संकल्प का सहारा लेकर जो जीव कुछ–कुछ इस मोह जाल से मुक्त होने लगते हैं वे संतों की कृपा से और अपने उद्यमों से कुछ–कुछ मुक्ति का स्वाद पा जाते हैं वे समझने लग जाते हैं कि उनके जीवन में बंधन का अंत हो सकता है और मुक्ति की संभावना बन सकती है। ऐसे जीव धीरे–धीरे अपने बंधनों के कारणों को समझते हुए उनसे विपरीत मुक्ति के उपायों को धारण करते जाते हैं।

मैं ऐसी ही यात्रा से गुजरा हूँ और आज सद्गुरू की कृपा से उस जगह पर हूँ जहाँ अपनी संभावना को फलते–फूलते देख रहा हूँ। मैं अस्तित्व के उस रूप को महसूस करने लगा हूँ जिसे शास्त्र परमात्मा कहते हैं।

परमात्मा का स्वभाव अनंत अनुभव किया गया है। अनंत होना उसकी लीला का लक्षण

है। वस्तुतः परमात्मा अनंत नहीं अखण्ड है और अपनी लीला के प्रत्येक अंश से अनन्य है।

मैं जब–जब अपनी आदिम नींद के झोंकों से घिरने–घिरने को होता हूँ मुझे परमात्मा की अनंतता का बोध जगा देता है। मैं जब जब अपने शुभ संकल्प को पूरा करते–करते हारने–हारने को होता हूँ परमात्मा की अखंडता और अनन्यता मुझे पुनर्स्फूत कर देता है।

परमात्मा की याद मुझे मेरे स्वरूप के स्मरण से भर देता है, मैं पुनः अपने जीवन में एक अनंत शक्ति को महसूस करने लगता हूँ जो कभी भी हार जैसी बात को नहीं जानता–प्रेम–अनंत प्रेम– बेशर्त प्रेम ही जिसका स्वभाव है।

परमात्मा अनंत है– उसकी लीला अनंत है– उसके नाम रूप, गुण, धर्म, भावनाएँ, कर्म, अनुभव सब अनंत है। परमात्मा की कृपा अनंत है, प्रेम अनंत है, दया अनंत है, क्षमा अनंत है, धैर्य अनंत है, प्रतीक्षा अनंत है, सब अनंत है।

मैं भी तो स्वरूप से वही हूँ तो मेरे भी वही गुण होंगे– परमात्मा हो जाओ तो ये गुण तुम्हारे हो जायेंगे या इन गुणों को अपना लो तो परमात्मा हो जाओगे– एक ही बात है।

बोध के तल पर परमात्मा और कर्म के तल पर ये गुण– यह लीला इसी को समग्र अस्तित्व–वासुदेव कहते हैं। वासुदेव सर्व साक्षी है। मैं साक्षी हूँ।

कितनी धन्यता है यह कैसे कहूँ। वही धन्यता मैं तुम्हारे सबके जीवन में देखने की अभीप्सा से भर उठा हूँ। क्योंकि तुम भी वही हो, सभी वही है। वासुदेव की उपासना करो, वासुदेव की अभीप्सा करो, अपने स्वरूप भूत साक्षी होने को पहचानो– तब ही तुम समझ सकोगे कि मेरा प्रेम, मेरे कर्म किस दिशा में तुम्हें ले जाने के लिये किए गए हैं– और कि किस क्षण के लिए यह महा व्याकुलता मेरे भीतर समायी हुई है।

अनंत को पहचानो, अखंड को महसूस करो, सर्वसाक्षी वासुदेव को स्वयं के जीवन में स्थान दो।

धीरे–धीरे ही होगा यह। जल्दी मत करो– अधैर्य में मत पड़ो याद रखो अनंत धैर्य ही– अनंत होना है उसकी ओर बढ़ना है– उसकी उपासना है।

देखना

तुम मुझे देखते हो और तत्काल एक निष्कर्ष निकाल लेते हो। मैं कहता हूँ, नहीं– ऐसा नहीं हूँ मैं। तुम कहते हो नहीं तुम ऐसे ही हो।

कोई और मुझे देखता है तो वह भी एक निष्कर्ष निकालता है– उसका निष्कर्ष तुम्हारे निष्कर्ष से भिन्न है। ऐसे ही अनेक लोग मुझे देखते हैं, मेरे परिचय में आते रहे हैं वे भी ऐसे निष्कर्ष निकालते रहे हैं। अनेक निष्कर्ष हो जाते हैं।

मैं देखता हूँ स्वयं को तो– पाता हूँ कि प्रत्येक अपनी–अपनी जगह ठीक भी है और ठीक

नहीं भी। मैं तो कुल जोड़ हूँ और कुल जोड़ से अतिरिक्त भी। उस अतिरिक्त को कोई नहीं जानता सिर्फ मैं ही जानता हूँ। उसे सिर्फ मैं ही देखता हूँ– क्योंकि वह मेरा अंतर्मन है। तुम देखते हो और जो निष्कर्ष निकाल लेते हो– वह इसलिए गलत नहीं है कि तुम देख नहीं सकते हो– बल्कि इसलिये कि जिस यंत्र, जिस माध्यम से तुम देखते और निष्कर्ष निकाल लेते हो वह भोथरा है, असक्षम है।

तुम बुद्धि से देखते हो, तुम मुझे ऊपर–ऊपर से, मेरे आचरण मात्र को ही देखते हो। मैं सिर्फ उतना ही नहीं हूँ। देखते समय तुम–तुम होते हो और दिखलायी पड़ने वाला मैं अलग एक सत्ता होता हूँ। बुद्धि से देखनेवाला कभी पूरा नहीं देख सकता बुद्धि खंड को ही, बाहर को ही देख सकता है। बुद्धि एक भोथरी चाकू की तरह या चोट खाकर कई हिस्सों में बँटी हुई दर्पण की तरह है। इन्हें तुम एकदम निरूपयोगी मानकर फेंक भी नहीं सकते और इनका ठीक–ठीक उपयोग भी नहीं कर सकते हो।

बुद्धि से कभी कुछ दिखलाई पड़ता है कभी कुछ, एक निश्चित निष्कर्ष कभी नहीं आता– कभी भी तुम निश्चय तक नहीं पहुँच पाते– निश्चित मन नहीं हो पाते– कभी शांति होती है तुममें तो कुछ सोचते हो– कभी अशांति होती है तो कुछ और सोचते हो।

बुद्धि से मूढ़ता पैदा होती है– मूढ़ शब्द का अर्थ होता है भोथरा जिसे अंग्रेजी में Blunt कहते हैं– वह चाकू की धार में कमी वाला भोथरापन। भोथरी हो गयी चाकू ऊपर–ऊपर से चाकू है– उसे फेंक नहीं सकते और धार घिस जाने के कारण उसका ठीक–ठीक उपयोग भी नहीं कर सकते– इसे कहते हैं मूढ़ता।

मूढ़ता बुद्धि का स्वभाव है। इसलिए बुद्धि से तुम मुझे कभी भी नहीं जान सकोगे– मेरे प्रति न्याय इस यंत्र के माध्यम से कभी न कर सकोगे। बुद्धि हमेशा दूरी की शर्त पर उपयोग में आती है– वह समीप नहीं आने देती।

तो तुम मुझे जानोगे कैसे? हाँ, एक और यंत्र है, साधन है। वह है हृदय। बुद्धि भी साधन है, हृदय भी साधन है। दोनों की सुनो। बुद्धि की थोड़ा कम, हृदय की ज्यादा। बुद्धि जहाँ व्यवहार और विचार तक को ही देख सुन सकती है वहीं हृदय भाव, भावना और अभिप्राय को भी देख सुन सकता है। और आत्मा भी साधन है लेकिन वह केवल बुद्ध पुरूषों के भीतर ही जाग्रत होता है।

हृदय भी तुम्हारे पास है, बुद्धि भी, दोनों का उपयोग करो और यह जान लो कि ये साधन भी मनुष्य में पूर्ण विकसित अवस्था में नहीं होते, हर व्यक्ति बुद्धिमता युक्त नहीं होता, हर व्यक्ति हृदयवान नहीं होता, इनको विकसित करना होता है, इनमें धार देना होता है, इन्हें स्वच्छ और निर्मल करना होता है। इसी प्रक्रिया से कोई मनुष्य मनुष्य कहलाने योग्य हो पाता है। सिर्फ मनुष्य योनि में, मनुष्य देह लेकर जन्म ले लेने मात्र से कोई मनुष्य नहीं हो जाता। मनुष्य जन्म प्राप्त करके

अपने श्रम से, साधना से ही ठीक तरह कोई मनुष्य हो पाता है। अतः निश्चित ही ये साधन यंत्र तुम्हारे पास है किंतु इन्हें विकसित करने की भी जरूरत है। मैं दोनो हूँ– व्यवहार और विचार भी, भावना और एक दिशा विशेष में गतिमान प्रयोजन भी।

मुझे जानना चाहते हो तो तुम्हें अपनी बुद्धि के साथ–साथ अपने हृदय को भी खोलना होगा यानि बुद्धिमत्ता के साथ–साथ तुम्हें हृदयवान होना होगा।

बुद्धि एकांगी है, हृदय उससे बहुत बड़ा है– ज्यादा मूल्यवान है क्योंकि आदमी जितना बाहर से दिखलायी पड़ता है उससे बहुत ज्यादा भीतर आकाश को छुपाये रहता है। बुद्धि में विचार होते हैं– हृदय में प्रेम। बुद्धि से प्रेम को महसूस नहीं किया जा सकता।

उसको महसूस करने के लिये, खुला हुआ हृदय ही उपयुक्त और एकमात्र साधन है। तुम मेरे प्रेम को महसूस करना चाहते हो, मापना चाहते हो– वह बुद्धि से कभी भी नहीं कर सकोगे, बुद्धि माँगती है, हृदय देता है। बुद्धि तो आदमी को भिखारी बना देती है– सम्राटों के पास ही हृदय होता है।

एक बात निश्चित जान लो कि जब तक तुम्हारे जीवन में दुःख है, पीड़ा है, असंतोष है, शिकायत है तब तक तुम अपने हृदय को खोल नहीं पाये हो इस बात का संकेत है। जहाँ–जहाँ दुःख है, पीड़ा है, असंतोष और शिकायत है– तुम यह निश्चित जानों कि भीतर अहंकार है– मैं और मेरा की बीमारी पल रही है।

''मैं'' का अर्थ है, अस्तित्व यानि सच्चिदानंद परमात्मा से अलग–थलग पड़ गया (पड़ गया नहीं होता, सिर्फ मान लिया गया होता है) कुछ होने की भ्रांति ''मेरा'' का अर्थ होता है वस्तुओं की भाँति ही व्यक्तियों पर अधिकार की भ्रांति।

यही मौलिक बीमारी है। इस प्रकार के लोगों में हृदय नहीं खुल पाते वे निरंतर किसी बेचैनी के शिकार होते हैं।

अपने को देखो। अपनी वस्तुस्थिति को स्वीकारो–बिना इस स्वीकृति के इससे उबरने का दूसरा कोई विकल्प नहीं है।

पहले अपनी स्थिति को स्वीकारो फिर बुद्धि को धार दो, उसे कभी कुछ– कभी कुछ देखने की मूढ़ता से मुक्त करो– फिर हृदय को खोलो जिसे जानना चाहते हो उसके गुणों पर ध्यान दो – उसके भीतर झाँकने का प्रयास करो–माँगने की जगह देने की प्रवृति को अपनाओ शिकायतों के स्थान पर धन्यवाद देना शुरू करो–

असंतोष की जगह जो जो मिला है उसके लिए अनुग्रह को हृदय में जगाओ। इस तरह तुम देखने में समर्थ हो सकोगे– जानने में सक्षम हो सकोगे।

जिसे जानना है– वैसा ही होकर, वही होकर ही उसे जान सकते हो। यह अंतिम बात है।

बिना तद्रुपता (वैसा ही) के किसी को कोई नहीं जान सकता।

'अ', 'ब' को जानना चाहता है– उसे ''ब'' होना सीखना पड़ेगा।

"अ'' रहकर ही वह "ब'' को नहीं जान सकता यही योग शास्त्रों का और अनुभवियों का संदेश है। यह बहुत कठिन है। किसी के विषय में कुछ भी कह देना, कुछ भी मान लेना, कुछ भी निष्कर्ष निकालकर उस पर अड़े रहना, स्वयं ज्ञान की दृष्टि में अटके रह जाने के सिवाय कुछ नहीं– यह भूल जब लोग अपने जीवन में अपने आस–पास के लोगों के प्रति करते हैं तो वे यह नहीं जानते कि इस तरह वे अपने जीवन में असत्य और भ्रांति को स्थान दे रहे हैं और अपनी इस मूढ़ स्थिति के कारण वे निरंतर कभी शांति कभी अशांति, कभी निश्चय कभी अनिश्चय के द्वन्द्व में सतत् झूलते रहते हैं– इससे जिसके विषय में वे अपने विचार बना लेते हैं वह शायद अप्रभावित ही रहे यदि उसमें थोड़ी सी प्रज्ञा हो तो, लेकिन ऐसा विचार बनाने वाला बुरी तरह बेचैनी का शिकार हो जाता है जिससे उसके सभी संबंध शिथिल पड़ने लगते हैं और उसके अपने ही हाथों उसके संबंधों में दरारें पड़ती जाती है। तुम जागो इस स्थिति से, इस भयावह मनोदशा से। जिस दिन जाग जाओगे– जिस दिन अपने हृदय के द्वार खोल लोगे उसी दिन से तुम निर्भार होने लग जाओगे तब एक प्रकाश की किरण तुम्हारे अंतस्तल में उतर आयेगी और उस आलोक से तुम सब साफ–साफ देख सकने लायक हो उठोगे।

तुम धीरे–धीरे वही हो जाओगे जिसे तुम जानने गए हो– तब ऐसी तद्रूपता (सदृशता) की स्थिति ही तुम्हें सम्पूर्ण भ्रांतियों से और मूढ़ताओं से मुक्त कर देगी तब तुम एक निश्चयात्मक दृष्टि के अधिकारी हो जाओगे– तब कोई दुःख नहीं रह जायेगा , न ही कोई पीड़ा, न असंतोष न शिकायतें क्योंकि तब तुम जो जैसा है– उसे वैसा ही देखोगे– सत्य तुम्हारे सम्मुख होगा, तुम सत्य के सम्मुख रहोगे। असत्य ज्ञान से ही दुःख, पीड़ा, शिकायतें और अतृप्ति पैदा होती है और बनी रहती है।

सत्य के ज्ञान से कभी कोई दुःखी नहीं हुआ। सत्य सर्व क्लेशों से मुक्ति प्रदान कर देता है। तुम भी हमेशा–हमेशा के लिए क्लेशों से मुक्त हो जाओगे। यही सत्य को जानने की महिमा है।

मैं कहता हूँ, मैं सत्य हूँ। जरा श्रम करो, जरा धैर्य से, जरा ठहर कर अपने निष्कर्ष लो– जल्दी क्या है– सब धीरे–धीरे ठीक हो जायेगा , सब समझ में आ जायेगा। मैं प्रतीक्षा करता रहा हूँ, प्रतीक्षा करता रहूँगा। मुझमें बैठे परमात्मा की यह अनंत करूणा है। मैं किसी के लिए निष्कर्षो से सर्वथा अप्रभावित आत्मानंद आत्मस्वरूप के बोध में निमग्न हूँ और सभी अच्छे बुरे के मूल कर्ता उस सच्चिदानंद परमात्मा सदृश सद्गुरू के चरणों के ध्यान के आनंद में लीन हूँ। इस जीवन में जो मुझे प्राप्त करना था वह मैं पा चुका हूँ– मैं धन्यभागी हूँ– प्रसन्न हूँ श्री भगवान की अलौकिक लीला को देख–देख कर विमुग्ध हूँ।

तुम भी और सभी जन इस सुख को देखें, जानें और इस महारास में सम्मिलित हो जायें– एकाकार हो जायें– अनन्य हो जायें– बस यही प्रार्थना निरंतर जारी है। सुनो मेरी प्रार्थना को, देखो

मेरी प्रतीक्षा को, महसूस करो, मेरे प्रेम को।

मेरी इस भावदशा के एक हुए बिना तुम कैसे कह सकते हो कि मैं क्या हूँ। आओ, हमारा क्षण–क्षण, सद्गुरू भगवान की पूजा हो जायें, प्रार्थना हो जायें, हमारा उठना बैठना श्री भगवान का कीर्तन हो जायें– भजन हो जायें, हमारा श्वास–श्वास में परमात्मा के नाम का सुमिरन हो जायें, आओ– हमारा जीवन–भक्ति की एक लौ बन जायें– प्रभु के परम प्रेम रूपी स्वभाव की एक भंगिमा बन जायें– एक धन्यवाद बन जायें– एक आनन्द से उन्मत्त नृत्य बन जायें– ऐसा जीयें जीवन को– मैं भी तुम भी दोनों दो न रहें, दोनों खो जाऐं मिट जायें विलीन हो जायें– सिर्फ अहोभाव रह जायें सिर्फ वही बचे– सत्य बचे– परमात्मा बचे और प्रेम बचे– उनका स्वरूप परम प्रेम ही बचे– बस– तभी तुम जान सकोगे सही अर्थो में मुझे, स्वयं को और उसे– जो सबमें विराजमान है, सनातन काल से– समय का प्रवाह जिसे कभी धूमिल नहीं कर सका– वह परम पवित्र पतितों को भी पावन कर देने वाला– उसे तुम देख सकोगे– जान सकोगे– वही मैं हूँ।

वही तुम भी हो, वही है केवल, उसके अलावा कहीं कुछ नहीं। आज तुम न भी देख सको इस सच्चाई को तो कल, इस जन्म में नही तो कल किसी जन्म में तुम्हें भी यह बोध होगा।

तब तुम मेरे प्रयोजन को समझोगे। मैं आश्वस्त हूँ– क्योंकि ऐसा ही होता आया है। यही भगवान के खेल का विधान है। प्रत्येक को एक न एक दिन अपने बुद्धत्व के आलोक में सत्य का साक्षात्कार होता ही है।

निवृति–प्रवृतिः– (विरक्ति, आसक्ति)

मुझे जानने वाले लोग मेरी जीवनशैली को देखकर यही अनुमान लगाते हैं कि मैं कोई काम नहीं करता, निष्क्रिय हूँ, संसार के जोड़–तोड़ से छूटकर मुक्त होकर निवृति का जीवन जी रहा हूँ।

लेकिन मैं जानता हूँ और सिर्फ मैं ही जानता हूँ और अशरीरी संत आत्माएँ जानते हैं और सर्वव्यापक परमात्मा जानते हैं कि मैं पल–पल श्रम कर रहा हूँ, मैं क्षण–क्षण एक वृहद् योजना के क्रियान्वयन में रत हूँ।

मैं इस जीवन के एक–एक पल को आने वाले जन्म के निर्माण हेतु लगा रहा हूँ, नियोजित कर रहा हूँ। यद्यपि यह सुनकर लोगों को आश्चर्य होगा, अविश्वसनीय और शायद हास्यास्पद भी लगेगा– कोई विश्वास करने को राजी नही होगा क्योंकि सामान्यतः लोग कितना ही कहें कि जन्म जन्मांतर होता है लेकिन लोगों में निष्ठा नहीं होती। वे ठीक इससे उल्टा व्यवहार करते और विपरीत निष्ठा का ही परिचय देते हैं, लोगों के कर्म इस बात का प्रमाण है कि किसी को जन्म–जन्मांतर में भरोसा नहीं, तभी तो इतने अपराध कर्म, इतनी हिंसा और तरह–तरह के पाप, झूठ, कपट और ठगी के व्यवहारों में लोग संलग्न देखे जाते हैं। अन्यथा जिसे इस तथ्य की स्पष्ट प्रतीति हो जाये कि जन्म पर जन्म होते हैं– और इसकी एक वैज्ञानिक श्रृंखला बनती है। हमारे

कर्मों का परिणाम पैदा होता है ऐसे ही परिणामों के फलस्वरूप अतीत में जन्म होते रहे और आज जो देह मिली वह पिछले जन्मों के कर्मों का संग्रह रूप मिला है और इस जन्म में जो कर्म हम कर रहे हैं उसी के अनुरूप अच्छा या बुरा, उत्तम या अधम देह, योनि हमें फिर मिलेगा। यही सत्य है, एक वैज्ञानिक सत्य है।

मैंने अपने इस वर्तमान जन्म में यही निश्चय किया कि कोई ऐसा काम नहीं करूँगा, किसी ऐसे कर्म में समय नहीं लगाऊँगा जिससे मेरी अधोगति हो। मैंने कंजूस के धन की भाँति अपनी आयु का श्वास–प्रश्वास के अपने खजाने का बड़ी मितव्ययता पूर्वक उपयोग किया है।

मैंने दुनियाँ वालों की उक्तियों और आलोचनाओं की कभी परवाह नहीं की और अपनी दृष्टि और भावना के अनुसार ऐसी जीवन शैली को अपनाया जो ऊपर–ऊपर से देखने से चाहे समाज की दृष्टि में बेकार, आलस्यपूर्ण और किसी को समझ में न आने वाला लगे तों भी क्या, भीतर–भीतर तो वह निरंतर एक लक्ष्य की ओर अग्रसर और सतत् चलने वाली साधना बन गया।

मैं उसी सत्य को जानने चला हूँ जिसे सम्यक बोध कहते हैं, जिसे लोक कल्याण हेतु युगों–युगों से सद्गुरू और ऋषिगण मानव समाज के सामने प्रकट करते आये हैं।

जो सत्य, गहन शांति अर्थात् समाधि के क्षण में अनुभूत होता है उसे अपनी प्रतिभा प्रज्ञा (Super Intelligence) के जरिये बुद्ध शब्दों में ढालकर दुःखी संतप्त दुनिया को उनके कष्टों से मुक्त करने हेतु प्रकट करते हैं, मैं उसी काम को अपने आगामी जन्म का एकमात्र हेतु (कारण) बनाने के लिए प्रयासरत हूँ।

उठता हूँ तो उसी के लिए, बैठता हूँ तो उसी के लिए, अपने को कैद करके रख लिया है एक कमरे में, दिन–दिन भर बस एक ही प्रयास, एक ही प्रत्यभिज्ञा और एक ही प्यास।

जागते वही लक्ष्य,
सोते वही एक लक्ष्य,
यह श्रम अंतस् का है,
यह कर्म हृदय का है।

सच, इस प्रक्रिया को शायद ही कोई समझे। क्योंकि इस प्यास का लोगों को कोई पता नहीं।

सामान्यतः संसार में आदमी अपनी–अपनी व्यक्तिगत वासनाओं को पूरा करने के लिए पैदा होते हैं। उन्हें परमार्थ का पता नहीं होता। कोई–कोई ही इस संसार में विशुद्ध रूप से परमार्थ सेवा हेतु देह धारण करते हैं। उनकी गति को वैसे ही लोग समझ सकते हैं, जो दुर्भाग्य से बिरले ही होते हैं।

इसीलिए तो जो सच्चे सत्य के खोजी होते हैं उन्हें लोग पागल, पाखंडी और न जाने क्या–क्या दोष लगाकर बहुत कष्ट पहुंचाते हैं अपने अज्ञान के कारण– तभी तो जीसस ने सूली पर से

यह बात कही कि ''हे परमात्मा, इन्हें माफ कर देना क्योंकि ये नहीं जानते कि ये क्या कर रहे हैं।''

संसार के लोग अपने ही सौभाग्य की संभावना को अपने ही हाथों विनष्ट करने को आमदा (तैयार) हो जाते हैं। अपने ही हाथों अपने राह दिखाने वाले दीपक को बुझा डालने की महान् भूल कर बैठते हैं।

मैं वही प्रकाश बनने जा रहा हूँ मैं उसी सौभाग्य को मनुष्य जाति के सामने प्रकट करने जा रहा हूँ। लेकिन इस जन्म में नहीं– यह तो तैयारी में ही गुजर जायेगा। मैं सचेतन रूप से इस यात्रा को एक–एक कदम करके सम्पन्न कर रहा हूँ। अब लोग मुझे निवृत्ति मार्गी समझते है, आलसी, पाखंडी आदि समझते हैं या कुछ और समझते हैं, यह लोगों की बात है।

मैं, मेरे भीतर बैठा परमात्मा और अशरीरी संतजन तो जानते हैं– वे तो साक्षी है कि मैं प्रवृत हूँ, श्रमशील हूँ और एक यज्ञ में जुटा हुआ हूँ जो मेरे अपने लिये नहीं– समस्त जीव जगत के कल्याण के लिए है– इस पृथ्वी के कल्याण के लिये है– यही है संक्षिप्त परिचय मेरे अध्यवसाय का, जीवन के पल–पल होते आहुति का मेरा जीवन अंतर्मुखता की पराकाष्ठा है।

महाकरूणा:– The Great Compassion

पृथ्वी पर मनुष्य समेत समस्त जीव जगत् का जीवन वासनाओं का ग्रास बने जीवन की दुःख भरी कहानी है। चारों ओर दुःख ही दुःख है। हृदय–हृदय संतापों और कुंठाओं से भरा हुआ है। यद्यपि हृदय–हृदय में स्वयं सच्चिदानंद परमात्मा विराजमान हैं लेकिन अज्ञानवश, अहंकार और निरंतर भूखे रहने वाले मन के कारण, दुष्पूर तृष्णा वृत्ति के कारण जीवन दुःख भरा हो गया।

पृथ्वी पर सौभाग्य से ऐसे व्यक्तियों का आना होता रहा है जो एक ओर परम शांति, अनंत सुख स्रोत समाधि से परिपूर्ण हुए हैं तो दूसरी ओर दुनिया के इस विलाप से आर्द्र होकर करूणावशात् प्रवृति में पड़े और अपनी अनुभूति, अपनी शांति में सबकी भागीदारी करने हेतु उन्मुख हुए, उन्होंने लोगों को समझाने का अथक प्रयास किया कि दुःख तुम्हारी, नियति (अवश्य होने वाला) नहीं है– नियति तो आनंद है, स्वतंत्रता है, सरलता है, प्रेम है, समाधि है।

मैं उसी बात को कहूँगा, उसी सच्चाई की फिर याद दिलाऊँगा– मैं जानता हूँ जैसे अतीत में बुद्धों को सुनने वाले असंख्य लोगों ने सुनकर अनसुना कर दिया– कोई कोई ही सुन सके, समझ सके ठीक वैसे ही मेरे साथ भी होगा– नहीं समझेगा कोई शायद ही कोई समझने को उत्सुक हो फिर भी यह जोखिम भरा कार्य मैं करूँगा।

मुझे तैयार कर रहे हैं मेरे सद्गुरू और पूरी की पूरी सद्गुरूओं की एक महान् श्रृंखला, राम से लेकर रजनीश तक हुए समस्त लोक हितकारी शक्तियाँ– स्वयं परमात्मा ही।

अभी जब मैं यह कह रहा हूँ तो बहुत हँसेंगे लोग। इसे कपोल कल्पना और सनक समझकर– लेकिन यह मेरी निष्ठा है– मेरे भीतर की गूँजती अनहद ध्वनि है।

महाकरूणा स्वयं परमात्मा के हृदय का स्वभाव है। कोई पिता या कोई गुरू अपनी संतानों

या शिष्यों को दुर्गति में पड़ा हुआ नहीं देख सकता। परमात्मा कैसे देख सकेंगे यह भला उसकी संतानें अपनी विरासत को भूलकर दरिद्र होकर यहाँ वहाँ भटके।

जब परमात्मा चाहते हैं कि उसकी संतानों को अज्ञान जनित अहंकार और तृष्णाओं से मुक्ति मिले तो वे मनुष्य शरीर धारण कर गुरू के रूप में प्रकट होते हैं और अपनी धीर गंभीर वाणी से, अपनी करूणापूर्ण दृष्टि से मनुष्य के भीतर पल रही अज्ञान की धारा को अवरूद्ध कर देते हैं और उसके बदले मुमुक्षा रूपी ज्ञान की गंगा को प्रवाहित कर देते हैं। यही शक्तिपात है योगी का। यही दीक्षा है सद्गुरू की। यही महत् दान है बुद्ध का।

मैं चुना गया हूँ। तैयार हो रहा हूँ। यह मैं जानता हूँ और समस्त बुद्ध जानते हैं।

प्रेमी और मित्रों के लिए साधना संदेश

3 प्रेमी–मित्रों के लिए साधना संदेश

प्रेमी–मित्रों के लिए साधना संदेश

बाबाजी ने कहा–

जाना गया सत्य और कहे जा सके शब्दों में अंतर:–

अभय में विचरण करता हूँ और विवेक साथ है। इसमें कोई परंपरागत धारणा के हिसाब से लय है या नहीं, व्याकरण में फिट बैठता है या नहीं– यह विचार करना मिथ्या भ्रम उठाने जैसा होगा। यह अपने आप ही एक उदाहरण है। यह एकदम अनूठा है। यह कथा एकदम चेष्टा शून्य घटना है।

विशुद्ध अभिव्यक्ति है, दर्पण में बने प्रतिबिम्ब है– ये स्मृतिखंड है। यह कथा फुलवारी में प्रवेश के समान है। जहाँ भाँति–भाँति के सुगन्ध अनायास नासा पुटों में भर जाते हैं।

यह कथा एक सामान्य मनुष्य की है जो इसी मिट्टी पर खड़ा है और जिसकी आँखे रहस्याकाश की ओर उठी हुई है।

यह कथा है मिट्टी में अमृत की पहचान की। तुम लोग देखोगे कि किस तरह एक अति सामान्य जिंदगी में भी किस भांति दिव्य का अवतरण होता है।

इस संन्यासी पर अनेक–अनेक सद्गुरूओं की कृपा का तो कहना ही क्या–वह तो नित्य है। लेकिन शिर्डी के साईनाथ एवं माँ आनन्दमयी की विशेष दृष्टि रही है। यह प्रत्यक्ष अनुभूति के द्वारा कह रहा हूँ।

इसके अलावा हृदय और बुद्धि को खुला रखने से मुझे पूर्व और पश्चिम, प्राचीन और नवीन

सभी ओर से ज्ञान को लेने में संकोच नहीं हुआ।

इसी के फलस्वरूप मैं कला और विज्ञान दोनों को समाहित कर सका। साहित्य में भी, संगीत में भी, दर्शन में और योग में मेरी समान रूचि रही।

जहाँ एक ओर शून्य से मैं जितना राजी था उतना ही तमाम सृष्टि से भी, जिसमें चौरासी लाख योनियाँ और उसकी लीला आती है।

यह कथा इन्हीं सब बातों को उजागर करेगी और भगवान के इस महारास का एक दृश्य प्रस्तुत करेगी। इसी से इसे मैं हरिकथा, भागवत कथा, रहस्य कथा भी कहता हूँ– जीवन है ही ऐसा।

कर्म सिद्धांत:

मैं कोई दार्शनिक नहीं हूँ और न कोई धर्म उपदेशक। मैं तो जीवन वादी हूँ। मैंने अपने श्रम से जीवन को जैसा महसूस किया है वही तुम लोगों के सामने परोस देता हूँ।

मैं अपनी युवावस्था में अतिशय आदर्शवादी रहा जैसा कि स्वाभाविक है। लेकिन जीवन की प्रौढ़वस्था तक पहुँचते–पहुँचते व्यक्ति को अपने खट्टे–मीठे अनुभवों के कारण अपने बहुत सारे आदर्शो को, बहुत सारी धारणाओं को स्वयं ही नकारना होता है।

अभी जो बात कहने जा रहा हूँ वह है अनुभवों पर आधारित सत्य।

दुनियाँ में आज ढाई हजार वर्षों से दो विपरीत किस्म की चिंतन धाराएँ चली आ रही है। इसे पूरब–पश्चिम में विभक्त करना वाजिब नहीं होगा। हालाँकि भौगोलिक दृष्टि से भी यह बंटवारा कुछ–कुछ सही है फिर भी इसे मैं इस तरह नहीं देखता।

क्योंकि यह बंटवारा किसी उपदेश के प्रभाव से पैदा नहीं होता, दिखलाई चाहे ऐसा ही पड़े, फिर भी यह विभाजन आदमी के साथ पूरब–पश्चिम के कारण या किसी धर्म विशेष में दीक्षित होने के कारण नहीं बनता– मेरे नजरिये से यह विभाजन व्यक्तियों के अपने संस्कारों के कारण चेतना के विकास के कारण पैदा होता है।

कर्म का सिद्धान्त कोई सिद्धान्त नहीं है– यह उन लोगों के अनुभवों की अभिव्यक्ति है जो चेतना की दृष्टि से उस मुकाम पर पहुँचते रहे हैं जहाँ आकर मनुष्य को साफ–साफ नजर आने लगता है कि हमारे जीवन में हमें मिलने वाले सुख–दुःख का कारण दिखलाई पड़ने में भले ही किसी बाह्य कारणों से संबंधित दिखलाई पड़ते हों लेकिन उनका उत्स, उनके उद्‌गम–मनुष्य के भीतर ही घटना के घटने से पहले ही बीज रूप में पड़े रहते हैं।

इस आधार पर यह निष्कर्ष निकलता है कि इस वर्तमान जीवन में जो उतार–चढ़ाव आते हैं वे सब किसी पूर्व जन्म के कर्मो के कारण ही होता है। इस तरह दुनियाँ में दो विचार धाराएँ,एक जो अनेकों जन्मों की श्रृंखला को आधार मानता है और दूसरा जो सिर्फ इसी एक जन्म को

मानता है- इस तरह दो विपरीत रूपों में बँटी हुई दिखती हैं।

ये दोनों दो किस्म के साइकोलॉजी को प्रदर्शित करते हैं। मनुष्य चेतना के विकास की दृष्टि से एक खास अवस्था तक तो यह जान ही नहीं सकता कि इस जन्म के अलावा, इसके पहले या इसके पश्चात् भी कोई और जीवन होता होगा। लेकिन कुछ लोग ऐसे होते हैं कि उन्हें समझाना नहीं पड़ता कि ऐसा होता है। यह तथ्य ऐसे लोगों के सम्मुख स्वयं ही प्रकट होने लगता है। जन्मों कि श्रृंखला का होना किसी सिद्धान्त को मानने के कारण नहीं बल्कि अपने अनुभवों के कारण ही समझ में आने लगता है।

मैं जैसा देख रहा हूँ यह मेरा आग्रह नहीं है, न अनुमान है बल्कि यह एक तथ्य से साक्षात्कार है, इस आधार पर मैं आज कह सकता हूँ कि सच ही हर व्यक्ति अपने वर्तमान जन्म में अपने सुखों–दुखों के बीज अपने पूर्वजन्मों के किये गये कर्मो के आधार पर ही प्राप्त कर के आता है।

ऐसा कहने से प्रारब्धवादी होने का मुझ पर आरोप लगाया जा सकता है, लेकिन आगे जो मैं कहने जा रहा हूँ उससे तुम्हें स्पष्ट हो जायेगा कि बात ऐसी नहीं है।

मनुष्य जीवन में पुरूषार्थ भी है और पुरूषार्थ की शक्ति उतनी ही है जितना प्रारब्ध की जंजीरें, बल्कि उससे ज्यादा ही।

यह बात मेरी बातों पर जरा ध्यान देने से स्पष्ट होगी।

कर्म से ही जीवन बनता है। कर्म ही जीवन है।

जीवन कर्म है और कर्म जीवन है।

जो जीवन विगत जन्मों के कर्मो के फल भोग के रूप में हासिल होता है वही हमारा भाग्य है, और जो कर्म हमारे भविष्यत जीवन को शुभ की ओर ले जाते हैं, वही हमारा पुरूषार्थ है।

इस तरह मैंने जाना कि यद्यपि हमारा वर्तमान अतीत के जंजीरों से कितना भी जकड़ा हुआ क्यों न हो, हम कितने भी अभिशप्त और प्रतिबद्ध हों फिर भी हमारी मुट्ठी में इतना समय हमेशा ही पर्याप्त मात्रा में शेष रहता है कि हम अपने अतीत की Continuity (प्रवाह) को तोड़ सकते हैं– और वह भी धीरे–धीरे नहीं, एक झटके से, जैसे किसी अंधेरे कमरे में अचानक दीया जल जाये और सदियों का अंधेरा एक ब एक भाग जाए, ठीक वैसा ही– रोशन हो जाता है भविष्य एक समझ से, एक संकल्प से।

यहाँ मैं तुम लोगों के जीवन में अर्थवत्ता लाने का सूत्र सौंप रहा हूँ। इसे गौर से सुनो। हर क्षण कीमती है। खास कर वह क्षण जो किसी संत के पास बैठकर बीतता है।

हर व्यक्ति अपने अपने कर्मो का खुद जिम्मेदार होता है। जो बोया वही कालांतर या जन्मांतर में काटना होता है। इसे ही कालभोग कहते हैं। किसी के कर्म को कोई दूसरा व्यक्ति या शक्ति नहीं मिटा सकता, एक बार कमान से तीर निकल गया तो वह अपने लक्ष्य पर पहुँच कर ही रूकता है। कर्म एक बार हो गया तो वह फल भोग बनकर ही रुकेगा।

मैं देखता हूँ दुनिया को तो लगता है कि सौ में सौ फीसदी दुनियाँ ऐसे जी रही है मानो विशुद्ध रूप से प्रारब्ध बीजों का ही क्रम चल रहा है जैसे। बेहोशी का आलम नजर आता है हर तरफ। इसीलिए सब दुःखी है– सुख के क्षण तो बीच–बीच में मध्यांतर की भाँति ही आते हैं, सारी जिन्दगी रोते–रोते, तनाव ग्रस्त होकर बीतती है।

हमेशा ही इस बात को देखने से संत लोग करूणार्द्र हो जाते रहे हैं। संत वे लोग होते हैं जिनके अपने सारे कर्म और कर्मफल समाप्त हो चुके होते हैं, जो पूर्णत भगवान की समीपता में होते हैं।

सभी संत यही कहते रहे हैं कि अच्छा कर्म करो, कष्ट सहन करके भी शुभ कर्म करो। तपस्या के तल तक अपने संकल्प पर अडिग रहो, विगत जन्मों की श्रृंखला को तोड़कर नये ढंग से, होश पूर्ण जीवन जीयो, यही अपने और सबके कल्याण का मार्ग है।

शुभ करो ताकि शुभ पैदा हो सके। प्रेम करो ताकि प्रेम पा सको।

इस तरह अपने जीवन को अब आलोक से भरना शुरू करो।

जीवन तुम्हारा है, न इस पर हक है प्रारब्ध का, न पुरूषार्थ का, न बीज का, न फल का। तुम स्वयं ही बोते हो– तुम स्वयं ही काटते हो। तुम ही मालिक हो अपने। प्रारब्ध के वश में रहना तुम्हें अच्छा लगता है तो यह तुम्हारा चुनाव है। पुरूषार्थ करना हो तो वह भी तुम्हारा निर्णय है। तुम दोनों के मालिक हो। चुनाव के तुम मालिक हो।

एक दिशा ले जाती है अंतहीन जन्मांतर चक्र (अंतहीन जन्म–मरण) में और दूसरी ले जाती है अनंत स्वतंत्रता में। एक में रोना ही रोना है और दूसरे में धन्यता ही धन्यता।

अब चुनाव तुम करो।

योनि निर्धारण:–

मैं पन्द्रह बीस वर्षो से यद्यपि इस तथ्य के प्रति सजग रहा हूँ कि व्यक्ति का वर्तमान काल उसके अतीत के कर्मो का परिणाम होता है किंतु फिर भी वैसे विगत तीन–चार वर्षो से इस बात पर रोज–रोज सोचता रहा हूँ वैसे तीव्रता से कभी ध्यान नहीं गया।

अभी तो क्षण–प्रतिक्षण एक इसी बात पर ध्यान जाते रहता है कि व्यक्ति के अतीत के जन्मों के कर्मो और विशेषतः पिछला जन्म ही उसके वर्तमान जन्म का मुख्य कारण बनता है। इसी के आधार पर जीव का योनि निर्धारण होता है।

किसी व्यक्ति को सुंदरता, कुरूपता, कोमलता–कठोरता, बुद्धिमता–मूर्खता, गोरा–काला, स्वास्थ्य–अस्वास्थ्य, दैवत्व–पशुत्व, समृद्धि–दरिद्रता, सरलता–कुटिलता, सद्गुण–दुर्गुण, बड़ी आयु–छोटी आयु, आसक्ति–विरक्ति, प्रेम–घृणा, मान–अपमान यह जो मिलता है वह उसका अपना ही सृजन है।

प्रत्येक व्यक्ति अपने जीवन भर मानो एक खाली कैनवास को भरते जाता है– हर आने वाली श्वास–प्रश्वास का उसमें हिसाब बनता रहता है। यह एक श्वास–प्रश्वास जीवन की आयु की एक इकाई है। उसमें जो कर्म, भावना– दोनों का सम्मिलित रूप बनाता है– उसमें प्रत्येक श्वास–प्रश्वास का हिसाब बनता जाता है।

ऐसे अपनी आयु के अंतिम क्षण तक वह कैनवास भरता जाता है। उस पर उतर आया यही चित्र उस व्यक्ति की भावी योनि का चित्र बन जाता है। उसे ही लेकर वह शरीर छोड़कर जाता है। उसी चित्र को देखकर विधाता–कर्मफलयोग प्रदान करनेवाला भगवान हर व्यक्ति को उसकी अपनी मांग– के अनुसार ही भावी जीवन प्रदान करते हैं।

फिर कोई मनुष्य योनि में उतर आता है तो पशु–योनि में तो कोई पक्षी, तो कोई पेड़ पौधे तो कोई पत्थर–पानी का रूप ग्रहण कर लेता है– तो कोई कीट–पतंग बन जाते हैं।

कोई चेतना की मुक्त दशा की ओर गति कर जाता है तो कोई पाश से बँधकर घोर कष्टों में पड़ जाता है।

यह जीवन लीला यह प्राणी जगत अत्यंत रहस्यमय और अबूझ प्रक्रिया है– लेकिन एक बात तय है कि इसमें सौ प्रतिशत हाथ, संपूर्ण जिम्मेदारी– स्वयं जीव की अपनी होती है– परमात्मा या विधाता का इसमें कोई स्वयं का चुनाव या दखलअंदाजी नहीं होती।

विधाता का काम सिर्फ विधान की रक्षा करना है और विधान यही है कि जो जैसा बोयेगा वैसा ही काटेगा, आम बोओगे तो आम पाओगे बबूल बोओगे तो बबूल। ऐसा कभी भी नहीं हो सकता कि बोओ आम और बबूल काटो या बबूल बो कर आम पा लो। यही विधान है– यही कर्म का समग्र सिद्धान्त है। यह सिद्धांत निर्दोष है– यह ऋत है– नियम है– परमात्मा का स्वरूप है।

मै अपने आस–पास लोगों को देखता हूँ– तो अजीब सी बेचैनी, और अनंत करूणा से ह्दय भर जाता है।

लोग अपने ही हाथों कैसे छले जा रहे हैं– कैसे लोग अपनी आयु को अपने ही विनाश में अपने ही नर्क के निर्माण में खपा रहे हैं– कितने बार देह में आए,कितने दुःख झेले, कितना रोये, चिल्लाये, कितनी पीड़ा से गुजरे फिर सब भूलभाल कर वही–वही कर्म, वही–वही भावनाएँ फिर–फिर कर रहे हैं– आज का जीवन तो बिगड़ा हुआ पाया ही– फिर गलतियाँ करके आज के इस वर्तमान को पुनः बिगाड़ा और इन बुद्धिहीनों को यह गणित अभी भी समझ में नहीं आ रहा कि वे अपने भावी जीवन– भावी देह रचना को फिर से और ज्यादा दुःखमय बना रहे हैं अपने ही हाथों अपना नर्क बो रहे हैं।

मेरा ह्दय व्याकुल हो जाता है– मेरी अतंरात्मा कभी रोती है– कभी हँसती है तो कभी तटस्थ होकर, साक्षी होकर इन सब परिदृश्य को निहारती रहती है।

लीला तो है निश्चित ही लेकिन यह कैसी लीला कि जहाँ किसी के हाथों शुभ और अशुभ दोनों में चुनाव करने की स्वतंत्रता है तो वह अशुभ को ही चुने, फूल और काँटे में चुनाव करना हो तो वह काँटे ही चुने। क्या अनुभव से भी जीव कुछ सीखेगा या नहीं?

समय का एहसास (मन):–

आदमी सचमुच जीव जगत में एक चौराहे के समान है– यह वह योनि है जो पूरे–पूरे होश से भर जाये तो देवत्व से भी ऊपर उठ जायें, फिर जिसके भाग्य से देवता गण भी स्पृहा करें और यदि बेहोशी से घिरा रहे तो पशु से भी नीचे गिर जायें। सामान्यतः मनुष्य कभी–कभी ही होश में होता है ज्यादातर तो बेहोश ही रहता है इसीलिये दैवत्व की ऊँचाई को कोई–कोई ही छू पाते हैं और बुद्धत्व को तो बिरला ही कोई छू पाता है– अक्सर मर–मर कर जीव पशु–पक्षी योनियों में ही होते हैं और उनमें से कोई–कोई इस योग्य हो पाता है कि मनुष्य की देह उसे प्राप्त हो जाता है– मनुष्य में पशुता बहुत भारी है। मनुष्य होकर भी वह पशु के गुणों से उबर नहीं सकता। मनुष्य होकर वह अपने हाथों बनाये बेहोशी में पड़ा रहता है। पशु को तो इस प्रकार बेहोशी होती ही नहीं।

मनुष्य निर्मित इस बेहोशी का नाम है समय।

समय वैसे तो भूत, वर्तमान और भविष्य के नाम से तीन भागों में बँटा माना जाता है किंतु वस्तुतः समय का एहसास अतीत और भविष्य के रूप में ही होता है। वर्तमान में समय का एहसास नहीं होता– वर्तमान समयातीत अनुभव है। आदमी बहुत चालाक है– वह आत्म प्रवंचक है। स्वयं को स्वयं ही छलने में वह अत्यंत प्रवीण है। बुद्धि के तर्क उसे इस कार्य में सहयोग और उत्साहित करते हैं।

समय को मनुष्य या तो अतीत (भूतकाल) के रूप में महसूस करता है या भविष्य के रूप में, बीता हुआ कल या आनेवाला कल, यही उसके जीवन का, विचार का विषय होता है, आदमी वर्तमान से घबराता है, वर्तमान को टालना चाहता है, वर्तमान का मूल्य कम हो जाता है हाथ में होने के कारण, अतीत (भूत) का और भविष्य का मूल्य बढ़ जाता है हाथ में नहीं होने के कारण।

आदमी वर्तमान से बचना चाहता है। इसीलिए अतीत और भविष्य की यात्राएँ करने में मन को अच्छा लगता है। दोनो ही गतियों में मन में तनाव अनुभव आता है– एक रस अनुभव में आता है– बेचैनी का, आशा का, कल्पना का, तृष्णा का– होने का।

वर्तमान में शांति है, शून्यता है, साक्षीत्व है– ठहराव है– ''मैं'' पन का ''मेरे'' का एहसास नहीं है– तो वर्तमान में व्यक्तियों का मन बहुत घबराता है क्योंकि वर्तमान यानि मन की मृत्यु, मन से मुक्ति।

आदमी मन में ही विचरता रहता है, मन की सुनता है, मन की करता है, आदमी के हर काम के पीछे प्रेरक उसका मन ही होता है– इसलिए ये समय का उसे एहसास होते रहता है– मन या

तो अतीत में होता है या भविष्य में– यही मन की दो मंजिलें मकसूद है– अतीत की स्मृतियों में डुबकी लगायेगा मन या भविष्य के महल बनायेगा।

तुम एक बात निश्चित रूप से जान लो कि जब भी तुम्हें समय का एहसास हो रहा हो– चाहे अतीत के रूप में हो चाहे भविष्य के रूप में– जब तुम वहाँ हो तब तुम जान लेना कि तुम मन में हो अर्थात् तुम्हारे भीतर, मन गति कर रहा है– तुम नहीं हो वहाँ– मन ही है। लेकिन इसमें जो रस है– मोह है इस तनाव ग्रस्तता के प्रति इस बुखार के प्रति उसका कारण है– कारण यह है कि आदमी को अपने होने का ख्याल तब आता है जब वह बीमार हो– अस्वस्थ हो।

अतीत (भूतकाल) है क्या? अतीत यानि बिन भोगे इंद्रिय सुख और भोगे गये सुख के साथ मिले अपार दुःख की कहानी, अतीत यानि जीवन में पाये हुए धोखे और कड़वाहट की यादें। अतीत यानि काम क्रोध लोभ का इकट्ठा जोड़।

स्वास्थ्य का अनुभव नहीं है आदमी को। स्वास्थ्य वर्तमान में होना है। तुम जब स्वयं को कुछ अनुभव नहीं करते– "मै " और "मेरे" जैसे ख्याल से जब मुक्त होते हो– न अतीत की कोई स्मृति होती है– न भविष्य का कोई कल्पनाचित्र– जब तुम विचार शून्य महसूस करते हो या कहना चाहिये कि विचार शून्य हो जाते हो– तभी तुम अहंकार शून्य हो जाते हो। तुम देह और मन नहीं होते, तुम तब स्वयं होते हो। वर्तमान ही होते हो– अपने स्वरूप में स्थित।

तुम तब इन्ही क्षणों में स्वस्थ होते हो– समयातीत हो जाते हो– समय के पार चले जाते हो– क्योंकि जन्म मृत्यु से मुक्त हो जाते हो। तुम साक्षी हो जाते हो।

व्यक्ति अपने बीमार होने में ही अपने होने के एक अभ्यासमय आदत से ग्रस्त होने के कारण वर्तमान में होने के स्वाद से अपरिचित है। वह अहंकार शून्यता मन से मुक्ति, मैं– मेरे के ख्याल से अपने को खाली देखने के स्वाद से परिचित नहीं।

लेकिन आदमी तो एक चौराहा है– यदि वह बीमार होने के स्वाद में ही उसे आनंद आ रहा हो– समय मे, मन में जीने में ही रस आ रहा हो तो यह उसकी निजी स्वतंत्रता है।

और यदि वह खुद को स्वरूप और शांत आत्मा और बुद्ध जानना चाहता है– वर्तमान में जीने की शैली अपनाना चाहता है समयातीत (समय के पार) होना चाहता है तो यह उसकी स्वतंत्रता है। परमात्मा ही इस स्वतंत्रता के रूप में सभी जीवों के भीतर विद्यमान होते हैं।

न किसी को ज़बरदस्ती बेहोश रखा जा सकता है न होश में लाया जा सकता है।

लेकिन एक बात निश्चित रूप से जान लो कि समय का एहसास बनाये रखना वर्तमान से बचने का आत्मप्रवंचक उपाय है। खुद की बुद्धि के तर्क होते हैं उसके पीछे– इसीलिये कभी–कभी मैं सोचता हूँ कि आदमी मन को समझता नहीं यह कारण नहीं है बल्कि मुझे तो लगने लगा कि मनुष्य अपने मन को समझना चाहता ही नहीं।

नहीं तो ऐसा तो हो ही नहीं सकता कि आदमी कुछ करना चाहे और वह कर न सके।

जो भी चाहेगा अपने मन को समझना– वह अवश्य उसे समझ सकता है और मन को जान लेना, उसके काम करने के तौर–तरीकों को खुली आँख से देख लेना उससे मुक्त हो जाना होता है। यही ध्यान की कुल कला है, योग का विज्ञान है।

और जो वर्तमान में जीवन को चुन लेता है उसका वह एक बार का ही, एक पल का ही वर्तमान जो स्वास्थ्य, जो समयातीत का अनुभव, शांति और अमृत सी तृप्ति से परिचित करा देता है जो अनंत–अनंत काल के अतीत के चिंतन और स्मृतियाँ और भविष्य की अनंत–अनंत जन्मों के सपने, हजार–हजार बार दुहराने पर भी वह स्वाद, वह रस नहीं पैदा कर पाते।

समय में– अतीत और भविष्य में स्मृतियों में और सपनों में ही जीना है तो यह प्रत्येक मनुष्य का अपना निर्णय है।

जो ईमानदार हैं– जो अपनी बुद्धि कुत्तर्कों के फेर में नहीं पड़ते, जो अपने निर्णय अपने विवेक से लेते हैं– जो मन के या किसी के भी गुलाम नहीं होते वे सदा वर्तमान में जीते हैं वे अतीत और भविष्य की बातें करने में अपना समय नहीं गँवातें– सिर्फ संपूर्ण होकर परिपूर्णता के साथ वर्तमान में जी लेते हैं। चुपचाप तृप्ति और आनंद के साथ अहोभाव और धन्यता के एहसास के साथ।

परमात्मा: आत्मबोध और आत्ममुग्धता

आज तक बार–बार जिस बात को तुम्हें अलग–अलग मौकों पर अलग–अलग ढंग से कहता रहा उसे ही फिर सार संक्षेप में कह रहा हूँ:–

परमात्मा हम थें, परमात्मा हम हैं और परमात्मा हम होंगें। यही एकमात्र ध्रुव सत्य है। लेकिन बीच में काल के अधीन हो जाते हैं हम। कर्म, विचार, भावना और खोने पाने की धारणा के वश पड़ जाने से। इसे ही अहंभाव और इदं भाव की सृष्टि कहते हैं। यह सचमुच एक सृष्टि है, क्रम विकास है। हम उसी प्रक्रिया में हैं। यह क्रम विकास कोई स्वप्न या कल्पना मात्र ही नहीं है– यह भी उतनी ही ठोस सच्चाई है जितना कि परमात्मा।

हम हैं तो अभी भी परमात्मा ही इस बीच की अवस्था में लेकिन इस सच्चाई को विस्मृत कर बैठे हैं कर्म विचार और भावनाओं की सृष्टि के कारण। यह सृष्टि एक ठोस– तर्कपूर्ण और वैज्ञानिक तथ्य है। इससे इंकार नही किया जा सकता। यही भार है हमारी आत्मा पर।

जो व्यक्ति इस कर्म, विचार और भावनाओं की धारणा से स्वयं को मुक्त कर लेते हैं, किसी भाँति वे स्वयं को निर्भार बना लेते हैं– उतना ही निर्भार जितना परमात्मा है। ऐसा व्यक्ति क्रम विकास की प्रक्रिया से मुक्त हो जाता है– निर्बीज हो जाता है।

जो व्यक्ति यह जान जाता है कि परमात्मा के अलावा हम कुछ नहीं हैं– वह बंधन और मोक्ष दोनो प्रतितियों, दोनों प्रत्ययों से सदा–सदा के लिए मुक्त हो जाता है।

मैं तुम्हें वैसा ही मुक्त हुआ देखना चाहता हूँ। बंधन के लिए भी और मुक्त होने के लिए भी स्वयं से पृथक किसी अन्य की आवश्यकता तो पड़ती है न?

जब साधक यह देख लेता है कि उसके अलावा एक अखंड, अकेले परमात्मा के अलावा अन्य कहीं कुछ नहीं है तब इस अन्यत्व के अनुभव के कारण द्वित्व की दृष्टि समाप्त हो जाने के कारण– वह बंधन और मुक्ति दोनों से छुटकारा पा लेता है–

और अवर्णनीय, शब्दातीत, निर्वचनीय आत्मानंद में, सहजानन्द में, स्वयं में अपूर्व सुख में विलक्षण स्वभाव में स्थित हो जाता है। वह वही हो जाता है जो उसकी सबसे बड़ी सच्चाई है– जिसे काल नहीं बदल सकता, मिटा तो कभी नहीं सकता।

जीवनमुक्त साधक के रूप में परमात्मा अपने evolution से मुक्त होकर पुनः अपने परमात्मापन में डूब जाता है, और अपने आलोक से आलोकित हो जाता है। मैं चाहता हूँ तुम भी ऐसे ही स्वयं के प्रकाश से प्रकाशित हो उठो– अपने सनातन स्वरूप को प्रत्यक्ष अनुभव बना लो और डूब जाओ अपने सहजानन्द और अपूर्व सुख में।

ध्यान: (Meditation)

मनुष्य जीवन में ध्यान की जितनी कीमत है उतनी किसी की नहीं। ध्यान ही वह कालखंड है जो तनावशून्य होता है जो अंहकार शून्य होता है, जो अपने स्वरूप के बोध से, बुद्धत्व से भरा होता है।

ध्यान पर मैं जो कुछ कहुँगा वह और लोगों के कहे हुए से थोड़ा पृथक (भिन्न) है। इसीलिये जरा ध्यान से सुनना।

तुम ध्यान करने बैठते हो। मन को एकाग्र करना चाहते हो, मन को निरूद्ध करना चाहते हो, तुम सम्पूर्ण विचारों और विकारों से मुक्त हो जाना चाहते हो। तुम बहुत कोशिश करते हो, अनेक–अनेक विधियाँ हैं। कभी–कभी अभ्यास के फलस्वरूप तुम्हें ऐसे क्षण का आभास भी होता है लेकिन फिर तुरंत बाद पीछे से अनेक–अनेक विचार रूपाकार चित्त में प्रकट होने लगते हैं।

ध्यान का वह क्षण खोने लगता है। तुम व्याकुल होते हो। तुम खुब मेहनत करते हो। लेकिन कभी वह क्षण नहीं आता जो ठहर जायें, जो फैल जायें, जो समय की सीमा को पार कर जायें। कितनी भी स्थिरता पैदा कर लो, भंग हो जाती है। और संसार फिर तुम्हारे चित्त को घेर लेता है, संसार के व्यक्ति, संसार की वस्तुएँ, अमृत का अनुभव अवरूद्ध हो जाता है और मिट्टी आबद्ध (बँधा हुआ) कर लेती है, तुम धँसते जाते हो।

मैं इस बात को दूसरे ढंग से लेता हूँ। मेरे हिसाब से जो भी अनुभव कालखंड (समय) के रूप में प्रकट हुआ हो, वे सब मन के ही खेल हैं और जो अनुभव समग्र रूप से पल–प्रति–पल

हो रहा है, वही सत्य है। मैं इसीलिये चाहे वह क्षण तनाव रहित बीतता हो या तनावयुक्त, इसमें फर्क नहीं देखता यह अवस्था भी और वह अवस्था भी, दोनो ही उस लीलाधर वासुदेव भगवान की लीला है, ऐसे भी वही है वैसे भी वही है।

इसी तरह मेरी आस्था किसी विशेष प्रकार के अनुभव के प्रति आसक्ति और उसके लिये आग्रह और चेष्टा करने में कभी नहीं रही, मैं जीवन को उसके हर रूप रंग में प्यार करता हूँ। तनाव शून्यता मुझे प्रिय है उतना ही तनाव युक्तता भी। मैं अहंकार और अहंकार शून्यता दोनों को स्वीकारता हूँ।

मेरा ध्यान परमात्मा पर है। मेरा ध्यान अखंड पर है, अकाल पर है, वासुदेव पर है, लीलाधर और उसकी इस निर्दोष एवं दिव्य लीला पर है।

तुम भी अपने ध्यान की परिभाषा को बदलो, अपनी पूर्व शास्त्रीय धारणा को छोड़ो, ध्यान को सहज सरल और समय की सीमा को लांघ लगा लेने वाला अनुभव बनाओ, तुम्हारा ध्यान बेशर्त हो– किसी नियम किसी अनुशासन, किसी पर निर्भरता के अधीन न हो, ऐसा ध्यान करो। अपने ध्यान का विषय समग्र जीवन को बनाओ तभी तुम्हें विश्रांति मिलेगी।

मैं इसी से शांत हूँ। मैं इसी से संतुष्ट हूँ। ईश्वर की सम्पूर्ण लीला को अपना ध्यान का विषय बनाओं, इसी से तुम अपने स्वरूप को जान सकोगे। तुम अपने भीतर लड़ो मत, विभाजन करके मत चलो। अपने ध्यान को अनंत अखंड और सदा रहस्यमय पर टिकाये रखो। इसी से तुम आप्तकामता (जिसकी सभी इच्छाएँ पूरी हो गई हो) को अनुभव करोगे।

मैं तुम्हें अपना अनुभव सौंप रहा हूँ।

विचार और विकार

तादात्म्य और साक्षी:

Identification And Witness

आदमी का होना ही जैसे अशांति और तनाव का होना है।

लेकिन ऐसा क्यों होता है इस पर तुमने कभी विचार नहीं किया होगा। क्या कभी आदमी शांत नहीं हो सकता?

हम जानते है कि मनुष्यों में अनेक व्यक्ति ऐसे भी हुए हैं जो शांत हो सके, निर्भार हो सके। हम उनकी सुनें तो हमें शायद पता चल सके कि हम शांत कैसे हों।

मैं अपने सद्गुरू श्री रजनीश जी के वचनों से और अपने भी अनुभव से यह बात तुमसे कह रहा हूँ कि आदमी का अशांत बने रहना कोई नियति नहीं है, व्यक्ति शांत हो सकता है यह संभव है।

नियति– नियति का मतलब है (पूर्वकृत पिछले जन्मों में किये गए) कर्म का परिणाम जो

निश्चित होता है।

तादात्म्य– एक वस्तु का मिलकर दूसरी वस्तु के रूप में हो जाना।

आदमी की अशांति का अर्थ है, उसके भीतर चलने वाले विचार प्रवाह। विचार ठीक नदी की तरह होता है। चलता ही रहता है, जागते सोते हर समय।

इसी निरंतरता से आदमी परेशान है। विचार प्रवाह का यह झूला आदमी को ऊपर उठाता है कभी नीचे ला पटकता है।

भगवान श्री रजनीश (ओशो) कहते हैं कि आदमी हो तो विचार तो आयेंगे ही आयेंगे। जन्मों–जन्मों से तुमने ही उसे बनाया है, पैदा किया है। उससे परेशान होना छोड़कर कुछ नये ढंग से जियो।

विचार आते हैं तो आने दो। हर तरह के विचार आयेंगे। हर तरह के व्यक्तियों और वस्तुओं के चित्र चित्त में उभरेंगे।

कोई चीज तुम्हारे पास नहीं है, उसका चित्र उभरेगा, तुम्हें लोभ सतायेगा कि वह तुम्हारे पास भी होना चाहिये।

किसी व्यक्ति का चित्र उभरेगा जिसे तुम नहीं चाहते कि तुम्हारे पास वह रहे– वह रहे तो उससे नफरत पैदा होगी। यही तादात्म्य है। यही विकार है।

विचार के प्रति अपने भीतर राग द्वेष मत पैदा होने दो, विचारों के प्रति आकर्षण–विकर्षण से खुद को बचा कर रखो।

बुद्ध ने इसे तृष्णा कहा है, अन्यों ने कामना कहा है। इससे बचो। विचार तो आते ही रहेंगे। उन्हें आने दो। तुम किसी चित्र के उभरने से गुदगुदी अनुभव मत करो, किसी चित्र के उभरने से कड़ुआ मत करो स्वयं को, किसी भी चित्र के उभरने से अपने को किसी रंग से मत रंगने दो, न हर्षित हो और न कड़ुए हो। ऐसा होना विकार है।

अपना तादात्म्य मत बनने दो। कोई–कोई विचार ऐसा भी हो सकता है जो तुम्हें झंझावात की तरह पकड़ ले, तुम उसमें उलझ ही जाओ, तब भी, तब भी स्वयं को ही याद रखो और उस विचार को विचार की तरह ही देखो। कितना भी उलझाने की कोशिश करे वह विचार, तुम थोड़ी देर ही अडोल (नहीं डुलना) रह गए तो तुम देखोगे कि विचार न सिर्फ कमजोर पड़ जायेगा बल्कि विचार प्रकट होना भी बन्द हो जायेगा।

विचार तभी प्रकट होता रहता है जब तक हम उसके प्रति आसक्ति या विरक्ति रखते हैं। उसे चाहते हैं या भगाने की कोशिश करते हैं। लेकिन जब हम ऐसा नहीं करते सिर्फ उन्हें देखते हैं, बिना डोले, बिना प्रभावित हुए तो सहसा वे विचार विकार में नहीं परिणत हो सकते, वे विचार ही रह जाते हैं।

ऐसा अभ्यास करने से धीरे–धीरे चित्त में विचारों का प्रवाह धीमा हो जाता है। ऐसा अभ्यास

हो जाने से धीरे–धीरे चित्त शून्यता से, शांति से भरने लगता है।

तब उतने ही विचार उभरने लगते हैं जितने की आवश्यकता हो। विवेक के जाग जाने से अनावश्यक विचार आने बंद हो जाते हैं।

जो किसी विचार विशेष से हर्षित होगा वह किसी विशेष विचार से पीड़ित भी होगा ही। यदि किसी विचार से तुम कष्ट में नहीं पड़ना चाहते तो किसी विचार की चाहत में भी मत पड़ो।

मेरी सभी बातों का एक ही मकसद है, वह है तुम्हें तुम्हारे कर्मों, विचारों के प्रति जागरूक कर देना, तुम्हें परमात्मा के स्मरण से भर देना। तुम्हें तुम्हारी ही मुट्ठी में कैद सुख के स्रोत से जोड़ देना।

तुम तो परमात्मा हो, तुम इस बात को हृदय की गहराई तक अंकित कर लो, और प्रत्येक अणु–अणु, प्रत्येक व्यक्ति परमात्मा है, किसी से अपने को श्रेष्ठ और बुद्धिमान मत समझो।

किसी को अपने से कमजोर और कम बुद्धि का मत समझो। ऐसा समझने से ही शोषण और स्वार्थ को मौका मिलता है। अब संभल जाओ।

साक्षी:

साक्षी होने का अर्थ अकर्मण्यता यानि शरीर से चुप होकर बैठ जाना नहीं है– संवेदन शून्यता नहीं है।

साक्षी का अर्थ "मन को चुप", मन को चुप कराके बिठा देना है।

साक्षी होने का अर्थ सिर्फ तटस्थ होकर देखते रहना नहीं होता। जीवन के इस खेल में सिर्फ तटस्थ रहकर नहीं जिया जा सकता। इस खेल में संलग्नता, जुड़कर जीना स्वाभाविक है। स्वयं को अकेले करके संसार से भागकर जीवन को जीना साक्षी होना नहीं है। साक्षी होना जीवन के सब रिश्तों नातों को सब स्थितियों, परिस्थितियों को आनंद पूर्वक परमात्मा के ही विविध रूपों को समझकर जीने की कला है।

भीतर परमात्मा बोध और बाहर संसार के ये विविध व्यवहारादि– ऐसा जीवन ही व्यक्ति की परम संपदा है– जीते जी वह भागवतचैतन्य से आपूरित होकर जीवन को धन्य कर लेता है। यही बुद्धत्व है।

साक्षी होकर जीना खण्ड–खण्ड सृष्टि में छिपे अखण्ड सृष्टा को पहचान लेना है। यही परम पुरूषार्थ है। और यही तुम्हारा प्रारब्ध है।

साक्षी पर कुछ कहने के साथ–साथ यह भी जानना जरूरी है कि तुम इस साक्षी को अपने जीवन में जियो कैसे– यह बता देना उचित समझता हूँ।

यह हमारे अनुभव की बात है कि व्यक्ति समाज की ईकाई है और समाज द्वैत के सिद्धान्त पर जीता है, मान्यताओं के आधार पर भेदबुद्धि के आधार पर अपने निष्कर्ष निकालता है।

व्यक्ति कितना भी व्यक्ति हो, कितनी भी निजता हो उसमें फिर भी समाज में प्रशिक्षित होने से समाज के संस्कार उसमें होते ही हैं, अपवादों को छोड़ दिया जाये तो औसत व्यक्ति सामाजिक ढंग से सोचता विचारता है। व्यक्ति एक सामाजिक प्राणी है। यह एक सर्वमान्य तथ्य है।

कोई आदमी जब अपने दैनंदिन जीवन में व्यवहार करता है तब उसका व्यवहार सामने प्रस्तुत व्यक्ति या वस्तु को अपने ही जैसा कोई व्यक्ति मानकर या एक निश्चित उपयोग में आने वाले वस्तु के रूप में ही करता है उसकी चेतना खण्ड पर, देह और रूप केंद्रित होती है वह उसके गुण धर्म को ध्यान में रखकर अपने संस्कार के अनुसार अपनी बुद्धि के निर्देश से जो यथोचित व्यवहार उसे उस समय प्रतीत होता है वैसा व्यवहार करता है– यह प्रतिक्रिया है, Reaction है।

इस प्रक्रिया में आदमी का मन निर्णायक होता है। आदमी मन की धारणाओं के आधार पर व्यवहार करता है। मन से देखी, समझी जाने वाली बातें पूर्वाग्रह युक्त होती है, Conditioned होती है। इसलिए हर क्रिया से प्रतिक्रिया और प्रतिक्रियाओं के जबाव में सामने से भी प्रतिक्रियाएँ ही मिलती है– यही बेहोशी है– संसार की सृष्टि है– दोस्त कम दुश्मन ज्यादा बनते हैं इससे, अधैर्य और अदूरदर्शिता के परिणाम स्वरूप अपना दुश्मन आप ही बनता चला जाता है। यही सामान्य औसत सामाजिक आदमी की स्थिति है।

समाज चावल की एक हांडी के समान है जिसमें हर दाना एक जैसा ही होता है, हर आदमी लगभग एक ही प्रकार के गुण–दोष से ग्रस्त है और वह पूर्वाग्रहों से लबालब भरे मन से जीवन को जीने की आदत है। इसी से पीड़ादायी संसार की सृष्टि होती है।

इसके ठीक विपरीत साक्षी की जीवन पद्धति है। साक्षी अभेद के आधार पर, अनाग्रही चेतना के आधार पर जीता है। वह अपनी बुद्धि से निर्देश नहीं लेता, अपने संस्कारित मन से दुनिया को नहीं देखता, उसके समझ जो भी आता है– व्यक्ति या वस्तु– उसे हृदय की आँख से देखता है, उसके गुण दोषों को नहीं देखता, उसमें उसकी उपस्थित परमात्मा पर दृष्टि जमी होती है।

उसके भीतर के परमात्मा से जो आवाज आती है– वैसा व्यवहार करता है यह उसकी संवेदना के आधार पर तय होता है– वह नहीं करता कुछ– उसके हृदय में बैठा परमात्मा ही करता है सब कुछ– यह प्रतिसंवेदन (Response) है। यह परमात्मा का परमात्मा के साथ व्यवहार होता है।

यह दो व्यक्तियों का नहीं, एक ही परमात्मा को दोनों ओर से की गई लीला होती है। साक्षी की आँख लीला में लीलाधर पर टिकी होती है। वह व्यवहार को कम परमार्थ को ज्यादा देखता है। यह व्यवहार एकदम कुँवारा (Virgin), (Pure), (Unconditioned) होता है– ऐसे आदमी के किसी व्यवहार की कोई भविष्यवाणी नहीं की जा सकती, वह पूरा का पूरा Unpredictable होता है। वह हर क्षण स्वयं में जिम्मेदार होता है, अतीत या भविष्य के प्रभाव से पूर्णतः मुक्त

होता है।

साक्षी शुद्ध वर्तमान में जीता है। वह कर्म करके भी उसके परिणाम से मुक्त होता है।

संसार, मन और ध्यान तथा संन्यास

संसार का अर्थ ये वृक्ष, ये चांद तारे, यह आकाश, यह सूरज, यह नदी–पहाड़, ये लोग, पशु–पक्षी यह नहीं है। तुम्हारे तथाकथित महात्मा तुम्हें यही समझाते रहे हैं कि यह जो फैलाव है यह संसार है।

नहीं, यह फैलाव संसार नही है। तुम्हारे मन का जो फैलाव है– प्रपंच मन का वह संसार है। इस संसार से मुक्त हुआ जा सकता है।

असंभव सा लगेगा शुरू में कि कैसे अपने अतीत से मुक्त हो जाओ, लेकिन अतीत है क्या सिवाय स्मृतियों के ढेर के? राख को ढोना मूढ़ता है। जो बीता सो बीता, अब उसको पकड़कर कहाँ बैठे हो। हाथ खोलो और देखो– वह जा चुका है।

समय लौटता ही नहीं, इसलिये पीछे लौट–लौट कर जो देखता है वह व्यर्थ ही कष्ट पा रहा है। वह अपने को ही अकारण सता रहा है। और कितना समय उसमें जा रहा है। कितना बहुमूल्य समय–वर्तमान के ये क्षण तुम नष्ट कर रहे हो अतीत की स्मृतियों में। जीवित को मृत के चरणों में झुका रहे हो, जीवित को मृत के सामने बलि दे रहे हो। या फिर, तुम्हें भविष्य पकड़े हुए है कि कल ऐसा करूँगा, कल को आने तो दो। पहली बात कल कभी आता नहीं। जब आता है आज ही आता है। और आज को तुम खराब कर रहे हो उस कल के लिये जो कभी आयेगा नहीं। और आज की तरह जब कल आयेगा भी तो तुम्हारी आदत इतनी मजबूत होती जा रही है रोज–रोज– आज को बर्बाद करना कल के लिए। यह आदत सघन होती जाएगी, यह यंत्रवत् हो जायेगी।

आज तुम कल के लिये सोचोगे। कल जब आयेगा आज बनकर तब फिर तुम कल के लिए सोचोगे। तुम कल भी यही कर रहे थे। जो बीत गया कल तब तुम आज के लिए सोच रहे थे। लेकिन जियोगे कब? दो कल के बीच उलझे तुम जिओगे कब?

ये दो कल चक्की के दो पाट हैं, जो तुम्हें पीस रहे हैं, इनके बाहर आ जाओ। ध्यान या साक्षी भाव इनके बाहर आने की विधि है। ध्यान का केवल इतना ही अर्थ है "जो है" उससे इंच भर यहाँ–वहाँ न होऊँगा। मन भागेगा आदतों के अनुसार वापस ले आऊँगा, फिर–फिर ले आऊँगा।

ध्यान की जितनी भी विधियाँ है– अनंत विधियाँ है ध्यान की– लेकिन सबका मूल सार है– किस तरह चैतन्य को वर्तमान में लाया जाए।

मन भागेगा, मन हजार विचार उठायेगा। तुम चुपचाप उसे फिर वापस ले आना श्वास पर। श्वास तो एक बहाना है। वर्तमान में ठहरना असली बात है। अतीत और भविष्य– ये दो काल समय का अहसास पैदा करते हैं– मन समय के अहसास में ही जीता है।

वर्तमान क्षण समय के अहसास से मुक्त, सीमा से मुक्त– अकाल का समय शून्यता (Timelessness) का, अनंता (Eternal) का बोध पैदा करता है। यही ध्यान है।

समय से मुक्ति, मन से मुक्ति है, अहंकार से मुक्ति है। यही ध्यान है। यही साक्षी का अनुभव है। कर्तापन से मुक्ति साक्षी का अनुभव है।

विपस्सना बुद्ध के द्वारा प्रदत्त ध्यान की सबसे आसान और कारगर विधि है। विपस्सना का अर्थ है देखना– दृष्टा होना Witnessing श्वास का भीतर जाना और श्वास का वापस लौटना– इसे देखते रहो। मन ठहर जायेगा , विचार अवरूद्ध हो जायेगा।

पहले कठिन लगेगा, असंभव लगेगा– लेकिन चुनौती बनाकर इस प्रक्रिया से गुजरो– एक दिन सध जायेगा। इसको देखते रहो कुछ मत सोचो, विचारो, सिर्फ जागे हुए देखते रहो। इसका परिणाम होगा कि तुम वर्तमान में जीने की क्षमता को उपलब्ध हो जाओगे। श्वास का आना और लौटना– यह वर्तमान है। देखना वर्तमान के साथ एक होना है।

वर्तमान में जिस दिन आ जाओगे, आने की प्रक्रिया है ध्यान, होश, सुरति और जब ठहर गये हमेशा के लिए तो उस अवस्था का नाम है संन्यास। फिर तुम संसार में ऐसे रह सकोगे जैसे जल में कमल यही समाधिस्थ व्यक्ति का लक्षण है।

जीवन की कर्म व्यवस्थाः

मैं तुम्हें देखता हूँ। तुम दुःखी हो, तुम कष्ट में हो। मैं प्रेम हूँ– मैं प्रेम ही कर सकता हूँ– यही मेरा स्वरूप– मेरा स्वभाव है।

मैं तुम्हें प्रेम करता हूँ– मैं तुम्हारे लिये परमात्मा से प्रार्थना करता हूँ। जो बन पड़ता है हाथ–पैर से सेवा करता हूँ। हृदय मन–बुद्धि से प्यार करता हूँ। जो भी संभव है अपनी दैहिक लीला की सीमा में वह सब करता हूँ। फिर भी देखता हूँ कि तुम दुःखी ही रहते हो कष्ट से भरे हुए हो।

मैं आदमी हूँ। इसीलिये सीमा है, इसीलिये पहचान नहीं पा रहे हो।

सोचता हूँ तो पाता हूँ जीवन के नियम को, जीवन के स्वभाव को। जीवन आदमी होकर दया–सहानुभूति, प्यार सेवा सब करता है। जीवन एक महान व्यवस्था है– विराट को संचालित करने वाले नियम से आबद्ध एक क्रम सातत्य है। कारण– कार्य का विज्ञान है इस क्रम व्यवस्था के पीछे।

इसीलिये जीवन अदय (जो दयालु न हो) है। तुम अपने कर्मो के परिणाम हो, अपनी सोच के प्रतिफल हो। आज जो कुछ भी तुम हो जैसे भी हो जो भी स्थिति है, दशा है– उसकी जिम्मेदारी तुम्हें स्वीकारनी ही होगी। उसी स्वीकार में मुक्ति की राह है। सत्य को जानना ही तमाम कष्टों से मुक्ति का एकमात्र उपाय है। तब तुम हल्के हो जाओगे, सुख–शांति के घर बन जाओगे। आत्म मंथन करो।

मैं यदि तुम्हारी देखरेख करता हूँ। यदि चाहता रहता हूँ कि तुम सदैव स्वस्थ, सुखी, शांतिमय जीवन जीओ तो वह मुझ आदमी रूप परमात्मा का प्रेम ही है और यदि जीवन तटस्थ है, भावना शून्य सा होकर नियमतः कर्मफल भोग कराता है– तुम्हारी हर वर्तमान दशा को लाकर तुम्हें कभी सुखी तो कभी दुःखी करता है– कष्टों में डालता है तो वह भी नियम व्यवस्था रूपी परमात्मा का प्रेम ही है– जो कुछ कह रहा होता है, सिखाने आता है, तुम्हारा निर्माण करने, शुद्ध बुद्ध करने हेतु ही यह प्रेम होता है।

मैं मनुष्य रूप भी हूँ और जीवन की व्यवस्था रूप भी मैं ही हूँ। परमात्मा हर स्थिति में प्रेम करते हैं। प्रेम सिर्फ परमात्मा ही कर सकते हैं। यही उनका स्वरूप व स्वभाव है– काम करने का, जीने का ढंग है। हर हाल में प्रेम ही मेरा ढंग है– प्रेरणा शक्ति है। इसे पहचानो और तुम धन्य हो उठोगे।

जीवन अपने शिक्षक रूप में कठोर सा दयाहीन सा प्रतीत होता है लेकिन वह हमारे ही कल्याण का मार्ग प्रशस्त करते हैं। और कोई व्यक्ति हमारे जीवन में प्रेमी रूप में हमारी सेवा सहयोग कुछ करता है वह भी हमारे कल्याण के लिए ही। प्रेम के इस तत्व पर विचार करें, प्रेम के इन तरीकों पर ध्यान करो तब तुम अपने सौभाग्य को पहचान सकोगे कि वह सद्गुरू भगवान कितने रूपों में तुम्हें प्यार कर रहे हैं, तुम्हारी सेवा कर रहे हैं।

मुझे समझने देखने का तो और कोई उपाय है नहीं। प्रेम को महसूस करो– प्रेम की अनंता को महसूस करो तो ही मुझे और मेरे तुम्हारे– सबके भीतर बैठे उस परम प्रभु को पहचान सकोगे तभी तुम स्वस्थ और हर प्रकार से हल्के, सुखी, शांत हो सकोगे, यही एकमात्र मार्ग है।

मैं प्रेम हूँ। मुझे देखो ठीक से। प्रेम ही मेरा नित्य स्वभाव है। प्रेम ही मेरा ज्ञान, ध्यान, कर्म, पूजा–प्रार्थना और परामुक्ति है और यह मेरा ही नहीं तुम्हारा भी यही स्वरूप है– प्रत्येक जीव का यही स्वभाव है। जाने–अनजाने हमारी एक ही मंजिल है– प्रेममय हो जाना प्रेम स्वरूप हो जाना –यानि हर ओर तुम्हारे प्रेम को लोग महसूस करें। और सभी ओर से तुम्हें प्रेम मिले–यही चाहते हो न?

सतर्कता (Watchfulness):–

अक्सर यह देखा गया है कि मृत्यु के क्षणों में व्यक्ति बेहोश हो जाता है, सो जाता है– अर्थात् मूर्छित हो जाता है। यह इसलिये होता है क्योंकि– प्रकृति की ऐसी व्यवस्था है।

प्रकृति की यह व्यवस्था इसलिए है क्योंकि जब भी शरीर की या मन की पीड़ा असहनीय हो जाती है तब उस झटके को, उस दबाव को सह नहीं सकने के कारण और जीवन के पल अभी शेष है– जीना बाकी है तो प्रकृति उस व्यक्ति को जागे रहने में असमर्थ पाकर उसे सुला देती है– मस्तिष्क के उन कनेक्शनों को जो आदमी के शरीर और मन के पीड़ा स्थलों से संबंधित है तोड़ देती है और आदमी उस पीड़ा को महसूस करने में असमर्थ हो जाता है– न पीड़ा होती है– न रोग

होता है– न आनंद– न स्वास्थ्य। बेहोशी में दोनों ही समाप्त हो जाते हैं। आदमी एक जीवित शव हो जाता है। इसी अवस्था में प्रायः लोग मृत्यु को प्राप्त होते हैं।

इस मूर्च्छा के पीछे अतीत (पीछे के) के जन्मों–जन्मों के मूर्च्छित जीवन शैली से संचित संस्कारों और वर्तमान जन्म में भी उसी श्रृंखला में मिले इस मूर्च्छा के कारण जीते चले जाने –सपनों को गढ़ते चले जाने– महत्वाकांक्षाओं के महल बनाते चले जाने और उनके आगे आधे –अधूरे ही रह जाने की पीड़ा ही कारण होती है। इतने पहाड़ इकट्ठे कर लेता है आदमी अपनी छाती पर कि उसके दबाव की पीड़ा को वह सह नहीं पाता–रोता है– आँसुओं की धार बहाता है–पछताता है– यही जब हद से आगे बढ़ जाता है तब प्रकृति उसे मूर्छित कर देती है ताकि बेहोशी में उस दबाव को वह महसूस न करे फिर थोड़ी ही देर में मृत्यु आ जाती है– वह देह से मुक्त हो जाता है– अशरीरी हो जाता है।

बेहोशी में शरीर छोड़ने से उसके पश्चात् भी अशरीर अवस्था में वह बेहोशी से मुक्त नहीं हो पाता– उसी बेहोशी में वह फिर भावी जन्म ग्रहण करता है। मूर्छित मरने वाला जीव मूर्छित ही जन्मता है और फिर मूर्छित ही जीता है।

मैं जो विधि तुम्हें बता रहा हूँ उसे अपना लेने से तुम इस योग्य हो सकोगे कि अपनी मृत्यु के क्षणों में तुम मूर्च्छा से मुक्त होकर उस शरीर को त्याग सकोगे।

हमारी इस चर्चा का मुख्य बिंदु साक्षी को अनुभव करना है और उसके लिए मुख्य साधन यह मृत्यु ही है लेकिन मृत्यु तो एक ही बार आती है और वह निश्चित है– कब होगी किसी को अपनी पारी का पता नहीं होता है।

एक बात तो निश्चित है उससे ज्यादा सुनिश्चित किसी बात का नहीं कि वह आयेगी ही आयेगी लेकिन दूसरी ओर वह सदा अनिश्चित है कि किस क्षण आयेगी।

इसी बात को ध्यान में रखकर इस आरोहण यात्रा के लिये प्रस्थान करना है।

मृत्यु को सदैव ध्यान में रखो। मृत्यु के आगमन के पूर्व स्वेच्छा से पल–पल उसके लिए चित्त को तैयार करते जाना, तैयारी रखना सीखना होगा। समझ को इतना पैना बनाना होगा कि प्रतीत हो कि आगामी क्षण ही मानों मृत्यु का क्षण हो। इस चित्त दशा की भूमि तैयार करनी होगी। उसी पृष्ठभूमि पर ध्यान के बीज बोना है। इस जन्म को तैयारी का, तप का जीवन बनाना होगा।

इस मन से मैं, तुम लोगों को इसे विधि के रूप में कैसे पकड़ सकोगे– कैसे शुरू कर सकोगे समझाने का प्रयास करूँगा।

(1) श्वास–प्रश्वास—आती–जाती श्वांस पर ध्यान देना:–

(2) नाभि पर ध्यान देना:–

(3) गुरू का सत्संग करना या गुरूवाणियों को पढ़ना सुनना या कोई भी धर्मग्रंथ का पठन–पाठन करना या परमात्मा के किसी विग्रह की पूजा सेवा करना।

ये तीन चीजें जीवन में समाविष्ट होनी चाहिए।

अखण्ड और अहंकार

मैं अखण्ड को देखता हूँ और अहंकारों की चर्चा करता हूँ।

लोगों को मैं देखता हूँ तो पाता हूँ कि लोग अहंकारों को देखते हैं और अखंड की चर्चा करते हैं।

तुम वही देखते हो जो तुम अपने विषय में सोचते हो। जहाँ तक तुम्हारी चेतना परिपक्व हुई है, वहीं तक तुम अपने स्वरूप की कल्पना कर सकते हो, और तुम जितनी मात्रा में स्वयं को जानते हो उतना ही और वैसा ही सारे जगत् को तुम देखते हो।

लोगों को मैं देखता हूँ तो पाता हूँ कि लोग अपने–अपने अहंकार को जी रहे हैं और थोड़ी बुद्धि लगाकर कभी–कभी परमात्मा की चर्चा कर लेते हैं।

मेरा ठीक उल्टा मामला है। मैं वर्षो से सिर्फ परमात्मा को देख रहा हूँ और संसार में उलझा भी हुआ हूँ। संसार मेरे लिए परमात्मा ही का एक रूप है ढंग है जीने के लिए।

परमात्मा की कृपा से ही सद्गुरू मिलते हैं।

मनुष्य के जीवन में सद्गुरू का मिलना मनुष्य जीवन की सर्वोच्च्य उपलब्धि है। लेकिन यह उपलब्धि शिष्य के अपने सामर्थ्य के आधार पर ही नहीं हो सकती। मनुष्य का ऐसा सामर्थ्य नहीं कि वह उसका अधिकार हो जाए, उसका हक हो जाये कि उसे गुरू मिल ही जायें– यह उपलब्धि विशुद्ध रूप से प्रभु कृपा पर ही निर्भर होती है। यह उपलब्धि मनुष्य की मेहनत का फल नहीं, प्रत्युत भगवान की रहमत का ही फल होता है, यह घटना व्यक्तियों के प्रयासों से नहीं, बल्कि परमात्मा के प्रसाद से ही संभव हो पाती है। गुरू का किसी मनुष्य के जीवन में प्रवेश उसके कर्मों, उसके श्रम पर निर्भर नहीं बल्कि लीलाधर भगवान की कृपा पर ही निर्भर है।

असल बात यही है कि परमात्मा जब किसी जीव के प्रति कृपावान हो जाते हैं, उसकी ओर कृपा–दृष्टि डाल देते हैं तो उस मनुष्य के जीवन में वे परमात्मा स्वयं ही सद्गुरू के रूप में प्रकट हो जाते हैं और उसका परम कल्याण साध देते हैं, उसका उद्धार कर देते हैं। परमात्मा अपनी कृपा इसी विधि से बरसाते हैं।

वे बाहर बुद्ध और अंतश्चेतना में बोध के रूप में किसी मनुष्य के जीवन में प्रकट होते हैं। जो बाहर बुद्ध है, वही भीतर बोध है। परमात्मा मनुष्य के जीवन में उसके परम सौभाग्य के रूप में इन्हीं दो रूपों में प्रकट होते हैं।

रंगरेज सद्गुरू

आदमी कपड़ा लेकर रंगरेज के पास उसे रंगने हेतु जाता है तो रंगरेज देखता है कि कपड़ा साफ–सुथरा धुला हुआ है या गंदला है, मैला है और उसे धोने की पहले जरूरत है तो उस

हिसाब से वह उस कपड़े को स्वच्छ करने की तैयारी करता है, उस मैले कपड़े को अच्छी तरह धोने के बाद ही उसे रंगता है।

ठीक इसी प्रकार सद्गुरू के पास जब भी कोई आदमी दीक्षा हेतु प्रस्तुत होता है, आत्मज्ञान या आत्मबोध की कामना व्यक्त करता है तब सद्गुरू उस व्यक्ति की वर्तमान दशा को देखकर अच्छी तरह जाँच परख कर उस हिसाब से उस शिष्य के साथ तरह–तरह के व्यवहार करता है। इसलिये जरूरी है कि जब किसी सद्गुरू के पास समाधान पाने हेतु जाओ और खुद को उनके हाथों में सौपों तो यह जान लो कि खुद को साफ–सुथरा कर अपनी ओर से हर प्रकार की स्थिति के लिये तैयारी जुटाकर ही प्रस्तुत हो।

सद्गुरू हाथों धुलाई के लिये तैयारी जुटाकर ही जाओ। जरूरत होगी तो धुलाई होकर रहेगी तभी रंग चढ़ सकेगा। यही नियम है। इसमें रंगरेज और सद्गुरू कर भी क्या सकते हैं। इस सृष्टि में सब काम नियत नियम से ही होता है तभी वह प्रयास सफल हो सकता है।

या तो धुलकर आओ या नही तो धोये जाओगे। धुलाई की पीड़ा से गुजरने की तैयारी हो तो ही सद्गुरू के पास जाना कारगर हो सकेगा। सद्गुरू के हाथों पीड़ा से गुजर कर ही दीक्षा लाभ हो सकता है और कोई विकल्प ही नहीं है– यह अच्छी तरह जान लो।

संदेश

‘‘मैं’’
दो प्रकार का होता है
‘‘सच्चा मैं’’ और
‘‘कच्चा मैं’’।
मेरा मकान, मेरा लड़का, मेरी पत्नी,
मेरा धन–
यह सब कच्चा ‘‘मैं’’ है।
‘‘मैं’’ वही नित्य–मुक्त–शुद्ध ज्ञानस्वरूप आत्मा हूँ–
–‘‘यह सच्चा मैं’’

–राम कृष्ण परमहंस

नारी (Female)

- नारी
- नारी का मनोविज्ञान
- नारी की महिमा

‘‘अस्तित्व का स्वभाव ज्यादा–ज्यादा माँ जैसा है– पिता जैसा कम–कम’’

–ओशो

मैं भगवान श्री रजनीश जी जिसे आजकल उन्हीं के द्वारा स्वीकारे गये जापानी शब्द ‘ओशो’ के द्वारा जाना जाता है– मैं उन्हीं सद्गुरू का एक शिष्य हूँ– यह तुम लोग भली–भाँति जानते हो। मैं जो कुछ आज हूँ। वह सब उन्हीं का कार्य है– जो कुछ भी आज तक तुम लोगों के समक्ष कहता रहा हूँ इन सबके पीछे भी उन्हीं की प्रेरणा उन्हीं के भाव उन्हीं की करूणा रही है।

मैं जो कुछ भी आज कर रहा हूँ और आने वाले जन्मों में करूंगा उस सबके पीछे भी उन्हीं की शक्ति होगी।

मैं उनके रास्ते से एकदम हट गया हूँ– केवल वही हैं अब और उन्हीं की लीला है। मैं हूँ ही नहीं। आज मैं अपनी बात की शुरूआत दूसरी भूमिका के साथ कर रहा हूँ।

भगवान जब पूना में थे तब वहाँ आश्रम नया–नया बना था और लोग आज की अपेक्षा बहुत कम थे। विदेशी संन्यासी भी बहुत कम थें। जो थें भी वे छोटी उम्र वाले युवा ही अधिक थें। बच्चे–बूढ़े बहुत ही कम थें– तब एक बालक था वहाँ किसी विदेशी युवती का। उस बालक का नाम दिया गया था सिद्धार्थ। वह भी एक संन्यासी शिष्य था भगवान का।

वह बच्चा बहुत सुंदर, स्वस्थ और बुद्धिमान था। आश्रम में सभी उसे जानते थें।

तब भगवान जिस हिस्से में निवास करते थें उस अहाते का नाम ‘लाओत्से भवन’ था। उस अहाते में हम लोगो का प्रवेश निषिद्ध था- पहरेदार बैठे होते थें गेट पर लेकिन भगवान का आदेश था कि सिद्धार्थ जब आना चाहे उसे कभी न रोका जाए।

ऐसे ही एक दिन सिद्धार्थ खेलते–खेलते सीधे भगवान के पास पहुँच गया। भगवान को भी कभीकभी उसे अपने पास पाकर अच्छा लगता था– तो वे सिद्धार्थ से बातें करने लगें। बातों ही बातों में सिद्धार्थ ने भगवान से कह दिया कि आप आदमी Male जैसे कम लगते हैं औरत Female जैसे ज्यादा लगते हैं और पूछा कि क्या आप औरत हैं?

दूसरे ही दिन भगवान ने जब सुबह प्रवचन शुरू किया तब इसी मुलाकात और वार्ता को सुनाते हुए कहा कि हाँ, अस्तित्व एक नारी के समान ज्यादा है पुरूष के समान कम।

मैं तब उस प्रवचन में मौजूद था। जब मेरे कानों मे ये वचन पड़ें तब सहसा यह विचार आ गया कि समूचे संसार में क्यों एक बहुत बड़ा हिस्सा परमात्मा को माँ कहकर पुकारना पसंद करता है।

भारत में विशेष रूप से यह भाव पनपा कि सर्वशक्तिमान तत्व को हमने देवी, भगवती, नारायणी, माँ, अम्बे कहा, उसे नारायण से, भगवान से, शिव से भी ऊपर माना–शक्ति को सबसे ऊपर रखा।

आज मैं उसी शक्ति जिसका भौतिक रूप एक नारी के रूप मे हमारे सामने मौजूद है– उसके विषय में कुछ कहने जा रहा हूँ।

नारी याने औरत– मनुष्य योनि में उत्पन्न पुरूष जैसा ही जीव। ऐसा ही सभी जीव जगत में है चाहे वह कीट–पतंग हो या पशु–पक्षी– यहाँ तक कि पेड़–पौधे भी–सर्वत्र सृष्टि दो भागों में बँटी है– पुरूष और स्त्री।

ये दोनों पक्ष समान है– एक ही कारण से शरीर धारण करते हैं और एक ही लक्ष्य के लिये जीते हैं। सब समान है। फिर भी भिन्नता भी है– असमानताएँ भी हैं।

एक दूसरे के पूरक हैं– एक के बिना दूसरा बच नही सकता फिर भी दोनों अलग–अलग है– कभी–कभी तो भिन्न ही नहीं– विपरीत भी प्रतीत होते हैं।

एक दूसरे से विपरीत होने की इसी धारणा के कारण एक–दूसरे को समझने में, और आपस मे बराबरी की बात को मानने में बहुत अड़चने आती रही।

समूचा इतिहास सम्पूर्ण मानव विकास evolution का इतिहास इस अड़चन से पैदा हुए संघर्ष की एक लंबी कहानी बन गयी। आज भी वह संघर्ष जारी है।

लेकिन आज ज्ञान विज्ञान की दृष्टि से आदमी ऐसे मुकाम पर आ पहुँचा है कि जो सवाल कल तक अनसुलझे थे वे सब एक एक करके सुलझती जा रही है और समूची मानवता तथा मानवता के साथ–साथ पृथ्वी पर का संपूर्ण जीव जगत (Animal Kingdom) एक अच्छे भविष्य की ओर आगे बढ़ रहा है।

मैं नारी की स्थिति पर कह रहा था।

अभी कुछ दिनों पहले मेरे घर में एक स्थान पर बिजली के मीटर के ऊपर वाले हिस्से मे गौरैया चिड़िया के एक जोड़े ने कुछ बच्चे पैदा किये। वे बच्चे दो एक दिन के ही हुए थे अंडे से बाहर आये। उनकी चींचीं की आवाज सुनाई पड़ती थी कि अचानक छत से लटके बिजली के पंखे से टकरा कर उन बच्चों की माँ गिर पड़ी और देखते देखते दम तोड़ गयी।

मैंने देखा कि नर चिड़ा तुरंत फुर्र से उड़ भागा–लौट कर नहीं देखा उन बच्चों की ओर। वे बच्चे अनाथ हो गये। मैंने बहुत कोशिशें की वे बच जायें लेकिन तीन चार दिन में ही वे सब शरीर छोड़ गये।

मैं यह घटना इसलिये सुना रहा हूँ ताकि एक बात स्पष्ट हो जाए– वह बात यह है कि चाहे कीट पतंग हो या पशु पक्षी या मनुष्य, परमात्मा की इस सृष्टि में यह मूलभूत तथ्य है कि जो बच्चे पैदा होते है वे माँ के गर्भ मे ही पैदा होते हैं और उनके पैदा होने के पश्चात् उन्हे सुरक्षित रखकर बड़ा करना– उनका पालन पोषण माँ ही करती है– पुरूष का योगदान इस काम में बहुत ऊपरी ऊपरी होता है।

संवेदना की दृष्टि से बच्चों से माँ का ही ज्यादा ममत्व होता है– जिन बच्चों की माताएं नही होती उनका विकास, उनकी प्रतिभा सब अवरूद्ध हो जाती है– वे बच्चे आवारा हो जाते हैं– पुरूष चाहे भी तो वैसा प्यार नहीं दे पाता जो माँ से मिलती है।

इस प्रकार हम समझ सकते है कि इस सृष्टि प्रक्रिया में नारी का क्या महत्व और क्या मूल्य है। इसी कारण प्रकृति ने नारी की देह, नारी के मन और उसकी बुद्धि को पुरूष से भिन्न बनाया है।

आदमी होने के कारण स्त्री–पुरूष भले ही समान हो– लेकिन शरीर, मन, बुद्धि के दृष्टि से वे दोनो भिन्न हैं– भिन्न ही नहीं कहीं कहीं विपरीत भी हैं– यद्यपि वे एक दूसरे के पूरक हैं– एक के बिना दूसरा नही बच सकता किंतु फिर भी वे एक दूसरे के विपरीत भी हैं।

यह एक विचित्र स्थिति है और यह स्थिति प्रकृति प्रदत्त है अतः इसे बदला भी नहीं जा सकता– इसी असंभव समस्या के कारण स्त्री पुरूष के बीच सनातन काल से संघर्ष चलता रहा है और परस्पर पूरक होने के कारण प्रबल जैविक आकर्षण भी बना रहा है।

मैं आज इन्ही दोनो बिंदुओं पर कुछ कहूँगा।

एक बात तो निश्चित ही है कि मनुष्यता के इतिहास में, नारी उत्पीड़ित रही– वह शिकार होती रही है, शोषित होती रही है– यह बात और है कि इस उत्पीड़न और शोषण के पीछे जैसा कि प्रचारित किया जाता रहा है और समझा जाता रहा है– सिर्फ पुरूषों का ही हाथ नही रहा है, इसमें स्वयं नारी का भी योगदान रहा है, शोषित होने वाली नारी का भी, अन्य नारियों का तो है ही। ऐसा मेरा अनुभव है।

जहाँ तक पुरूषों की बराबरी करने का सवाल है यह असंभव ही है– इसलिये नहीं कि ऐसा परमात्मा का विधान है, इसलिये नहीं कि नारी पुरूष से कहीं हीन है या उसमें प्रतिभा की कोई कमी है– बल्कि इसलिये कि यह अस्वाभाविक है– और इसका अर्थ यह कदापि नहीं कि पुरूष कोई ऊँचा है, ज्यादा बुद्धिमान है और श्रेष्ठ गुणों वाला है नहीं यह तो बिल्कुल ही सत्य नहीं। परमात्मा ने नर और नारी को बराबर बनाया है– और अपना प्रेम सबमें एक समान ही बांटा है।

जहाँ तक पुरूष और स्त्री को बराबर होना चाहिये तो वह जिस–जिस बात में संभव है कानून में, शिक्षा–दीक्षा में, नौकरी में, पद–प्रतिष्ठा में, समाज में हर जगह उसे कायम किया जा रहा है– इन बातों में बराबरी के लिये लड़ना, अब बेमानी है– वह तो शिक्षा तथा प्रशासन में समान सुविधा मिल जाने से ही पूरा हो गया है।

लेकिन नारी चाहे कि पुरूषों जैसी शक्तिशाली देह भी मिल जाए, अगर नारी चाहे कि पुरूषों जैसे साहसिक कारनामें वह भी दिखाने लगे– पर्वतों पर चढ़ने लगे, सेना में भर्ती हो जाये तो यह उसकी विक्षिप्तता होगी– यदि स्त्री चाहे कि उसके बच्चे उसके नौकर चाकरों के हाथों पल जायें तो यह उसका दुराग्रह होगा– यदि स्त्री चाहे कि घर में उसका शासन चले और उसका पति भी उसका आदेश माने और उससे डरा करे तो यह नारी की मूढ़ता होगी।

और अब यही हो रहा है– नारी ने बराबरी के चक्कर में यह सब करना भी शुरू कर दिया है।

नारी ने पुरूषों को चिढ़ाने के लिये एक और जोखिम भरा काम शुरू कर दिया है– कि जब पुरूष घर के बाहर और अन्य स्त्रियों के साथ उठते बैठते हैं, हँसी मजाक करते हैं और कोई–कोई

यौन संबंध भी कायम कर लेते हैं, गर्लफ्रेन्डस बना लेते हैं तो वह भी ऐसा करेगी– अब स्त्रियां बॉयफ्रेंडस बना रही है– उनके साथ अपने यौन संबंध बना रही है– यह बराबर की दौड़ मे हद से कुछ आगे निकल जाना हुआ।

बराबरी का मतलब यह तो नहीं होता कि जो जो गुण पुरूष में है उसे तो हासिल करना ही है– साथ ही जो जो दुर्गुण है– उन्हे भी अपना लेना– यह कहाँ की बुद्धिमानी है– जिन बातों को प्राप्त करने में अपना हित हो उन्हे तो अपनाये, लेकिन जिन बातों से स्वयं का ही नुकसान हो जाये उन्हें अपना लेने मे, उन बातों के लिये लालायित होने में क्या तुक?

नारी सिगरेट पी रही है, जुआ खेल रही है, शराब पी रही है, पुरूषों के जैसे परिधान पहन रही है– पुरूषों के जैसे केश कटवा रही है– यह सब अवगुण नारी जीवन में प्रवेश कर गये हैं।

बराबरी और स्वतंत्रता के नाम पर स्वच्छंदता और निरंकुशता के मार्ग पर चली गयी है नारी। यह तो शक्ति और अहंकार का मार्ग है। इससे तो चेतना की दृष्टि से हानि ही होगी।

हर देह रचना के पीछे स्पष्ट कारण और प्रयोजन होता है जो उस जीव को उसमें स्थित मूल खोज की ओर उसे उन्मुखता प्रदान करता है। सभी देहों की, सभी जन्मों की– वह है– एक अंतहीन तृप्ति–एक अनंत अस्तित्व एक धन्य जीवन की खोज।

डार्विन ने पृथ्वी पर जैविक विकास (Biological Evolution) की प्रक्रिया को समझने की कोशिशें की और उसने जैसा समझा दुनिया के सामने प्रस्तुत कर दिया। जब वह कहते है कि Struggle For Existence और Survival of the Fittest तब उसका स्पष्ट मानना है कि जो जीव जो योनि अपने भीतर इतनी प्रतिभा नही पैदा कर सके कि बाहर उत्पन्न चुनौतियों का सामना कर सकें वे अपने को बचा नहीं पायें और जो जीव किसी भी चुनौती के सामने हार नहीं माने और अपनी प्रतिभा को इतना विकसित किया कि सब चुनौतियां एक एक कर समाप्त हो गयी– वे जीव ही स्वयं को बचा पाये– क्योंकि उन्होने अपने सामर्थ्य को पहचान लिया, उन्होने शक्ति और साहस के स्रोत को पा लिया। जहाँ तक देह का सवाल है– Biology का सवाल है डार्विन की व्याख्या गलत नही है।

लेकिन चेतना की बात आ जाने से वहाँ जाकर डार्विन की व्याख्या को छोड़ देना पड़ेगा। चेतना डार्विन का विषय था भी नहीं।

चेतना के विकास और चेतना के दूषित होने के परिणामों पर विचार करना धर्म का, योग का विषय है– यह भी एक विज्ञान है, इसके पीछे भी तर्क और वैज्ञानिकता– कार्य कारण की श्रृंखला है। इस ओर डार्विन ने ज्यादा ध्यान नहीं दिया और वे दे भी नही सकते थें। यह बुद्धों का, तीर्थकरों का विषय है।

मै उस दृष्टि से जब नारी पर सोचता हूँ तब यह तथ्य कि कर्म ही हमारी देह रचना के पीछे प्रधान कारण होता है– और स्पष्ट हो जाती है।

मेरा ऐसा अवलोकन रहा है कि देह चाहे किसी जीव को कैसा भी मिला हो उसमें दो बातें सदैव साथ–साथ रही है– एक तो उस योनि और देह से जुड़ी अनिवार्य आदतें और दूसरी बात है होश यानी पुण्यकर्मो के प्रति सजगता। चाहे वह मनुष्य योनि हो या पशु योनि– ये दोनो तत्व दोनो ही जगह होती है। होश की मात्रा पर निर्भर करता है कि विकास की संभावना कैसी और कितनी बनती है।

यह पृथ्वी भोगभूमि है और इस पर उत्पन्न जीवन भोग योनि है। यहां प्रारब्ध और पुरूषार्थ साथ साथ जीना होता है। विगत जीवन के कर्म फल ही प्रारब्ध कहलाता है और आने वाले जन्मों के लिये संचित सत्संकल्प और सत्कर्म पुरूषार्थ कहलाता है। होश सबसे बड़ा पुरूषार्थ और बेहोशी सबसे बड़ा प्रारब्ध है।

हम यहाँ नारी की स्थिति पर विचार कर रहे हैं। नारी के अतीत तथा वर्तमान और एक कल्पित भविष्य पर चर्चा कर रहे हैं।

मैं इस बात को जोर देकर कहना चाहूँगा कि मैं एक आध्यात्मिक दृष्टि संपन्न व्यक्ति हूँ। इसलिये मेरी बातों के पीछे मनुष्य निर्मित सामाजिक–नैतिक नियमों और निष्कर्षो को आधार कम बनाया गया है, मेरी बातों के पीछे ईश्वरीय चेतना और ईश्वरीय योजना का आधार ज्यादा प्रबल है।

यह बात निर्विवाद रूप से तय है कि नारी की स्थिति को लेकर आज तक के सभी धर्मो के सभी संत बहुत संवेदनशील रहे हैं– दुनिया भर के विचारवान लोग नारी के अच्छे भविष्य को लेकर चिंतित रहे हैं– और इस काम में स्त्रियों से ज्यादा पुरूष ही रहे हैं। फिर जब कुछ–कुछ सभ्यता के लक्षण मनुष्य जाति मे आने लगे और मनुष्य के भीतर उसका हृदय केंद्र विकसित होता गया– बुद्धि में तर्कणा Reasoning पैदा होती गयी।

स्वयं नारी भी कुछ विचारवान होती गयी– भाषा का विकास हो गया– संवेदना और संवाद पैदा हुआ तब से स्थिति में थोड़ा फर्क आया। फिर भी इतना फर्क नहीं आया कि नारी अपने को पहचान पाये और पुरूषों के प्रति विद्रोह कर पाये।

फिर संसार में विचार का ज्यों ज्यों विकास होता गया– आदमी अपनी बर्बरता से ऊपर उठकर थोड़ा–थोड़ा कविता को महसूस करने लगा और समूचे संसार में काव्य रचनाएँ लिखी जाने लगी– आदमी सुख संपन्नता की ओर अग्रसर हुआ और समाज में परिवार की भावना पनपने लगी तब से नारी की स्थिति थोड़ी सुधरने लगी पुरूष सोचने लगे कि नारी माँ है- नारी जीवन को उत्पन्न करने वाली महत्वपूर्ण कार्य सम्पादन करती है– नारी कोमल है– नारी सहनशील है– कि नारी भी एक मनुष्य है कि नारी पुरूषों के उपयोग में आने वाली कोई चीज नही बल्कि पुरूष की अर्द्धांगिनी है और परिवार को बनाये रखने वाली ममतामयी सदस्या है– नारी का प्रथम बार समाज में पुरूषों के द्वारा सम्मान हुआ, कुछ संवेदनशील पुरूषों के द्वारा

ही– वे लिखने लगे–

''यत्र नार्यस्तु पूजयन्ते रमन्ते तत्र देवता''– जहाँ नारी को उचित सम्मान मिलता है वहाँ सुख शांति का आगमन होता है। ऐसी भावना को तब स्थान मिला।

नारी (Female)

मैं नारी के अतीत पर कुछ कह रहा था। आज उसे ही आगे बढ़ा रहा हूँ। मनुष्य समाज में उपनिषद् काल ज्ञान के विकास की दृष्टि में सर्वोच्च माना जाता है जहाँ सत्य को देख लिया गया, जहाँ ईश्वर को प्रत्यक्ष कर लिया गया। उपनिषदों में जैसी व्याख्या अस्तित्व की हो सकी है वैसी विशुद्ध दृष्टि मनुष्य सभ्यता के इतिहास में कभी नहीं हुई।

आज भी उसी दर्शन को सर्वशुद्ध माना जाता है। उसी से निकली बुद्ध की प्रतिभा, उसी से निकली महावीर की प्रतिभा, उसी से निकली शंकराचार्य की दृष्टि–उपनिषद् ज्ञान के विकास, सत्य की खोज और ईश्वर की आराधना उपासना का सार निचोड़ है। आज की लोकतांत्रिक विचार परंपरा भी उसी का प्रतिफलन है। उपनिषद् ने अपने भीतर सबको समेट लिया।

विचारणा की ऐसी व्यापकता और दृष्टि की ऐसी परिपक्वता इतिहास में पहली और आखिरी बार घटी। तब भी नारी की स्थिति सामूहिक रूप से ज्यादा नहीं बदल सकी–उपनिषद् के सत्य का प्रभाव पुरूषों पर ही पड़ा वह भी बहुत थोड़ा।

उपनिषद् व्यक्ति के विकास का सूचक है न कि समाज का। फिर भी एक बात हुई कि आदमी संवेदनशील हुआ– स्त्री को बराबरी की ओर खींच ले गया। ऋषियों ने नारी को पहचाना उसे गरिमा प्रदान की, अपने साथ उसको लेकर पूजा प्रार्थना में बैठने लगे– राजाओं को समझाया कि नारी प्रतिभा का उपयोग कर उसे अपनी अस्मिता को बनाये रखने में सहयोग दें। रानी राजा के साथ बैठने लगी। स्त्रियों की शिक्षा का इंतजाम हुआ। स्त्रियाँ भी वेद, उपनिषद् आदि शास्त्रों के अध्ययन की अधिकारिणी हो गयी।

लेकिन यह सुविधा सिर्फ कुछ एक परिवारों की नारियों को ही उपलब्ध हुई– इसलिये समाज में नारी की स्थिति ज्यादा नहीं सुधरी फिर भी शुरूआत हो चुकी थी।

आज भी यद्यपि दुनिया के हर कोने में, खासकर गाँवों में और मजदूर वर्ग में स्त्रियाँ बेबस है, शक्तिहीन है और शोषित है फिर भी देर सबेर आशा है कि वे भी शहरी और शिक्षित नारियों की तरह अपनी स्थिति को सुधार लेंगी।

यह तो हुई बाह्य स्वतंत्र हो जाने से शांति नहीं मिल सकती, परिपूर्ण शांति तो सिर्फ ऋषि दृष्टि और ऋषि जीवनशैली प्राप्त होने पर ही मिल सकेगी। उस दृष्टि से नारी क्या अभी पुरूष भी परिपक्व नहीं हुए हैं।

मैं जो कह रहा हूँ उसमें न्याय की प्रतिष्ठा ज्यादा है– सत्य की प्रतिष्ठा ज्यादा है– ईश्वरीय

व्यवस्था ज्यादा है। सच को देखना और सच को कह देना ही मेरे बस में है।

नारी में 'मेरा' का भाव बहुत सघन है जैसे पुरूष मे 'मै' का भाव प्रबल है। यही दो बेहोशी है नारी और पुरूष में जिसके वे दोनों शिकार रहे हैं हजारों–हजार साल से।

नारी को अपने भीतर के उस बेहोशी से निपटना होगा। हरेक दुःखी, शोषित–उत्पीड़ित, बद्ध जीव को अपने भीतर की बेहोशी से निपटना होगा।

नारी की बेहोशी क्या है इस बात पर दो चार बातें, फिर मैं अपनी इस चर्चा को समाप्त करूँगा।

नारी का एक केंद्रिय गुण होता है जो न सिर्फ मनुष्य योनि में दिखलाई पड़ती है बल्कि पशु–पक्षी, कीट–पतंग सर्वत्र दिखलाई पड़ती है– और प्रकृति ने भी उसे उस गुण को बनाये रखने के निमित्त नारी को नर से पृथक देह संरचना प्रदान की है– वह गुण है स्वयं को अपने साथ जुड़े परिवार जिसमें उसका नर साथी और बच्चे हैं– उनके लिये समर्पित कर दे। नारी को 'मेरा' का भाव बहुत प्रबलता से जकड़े रहता है।

नारी को किसी अन्य नारी का सुखी जीवन ईर्ष्या से भर देता है। नारी को इस बात का हर पल अंदेशा लगा रहता है कि कोई अन्य नारी उसके पुरूष को आकर्षक न लग जाये।

नारी में तुलना करके देखने की भावना बहुत ज्यादा होती है वह स्वयं में स्थिर नहीं हो पाती, वह अपनी ओर कम और दूसरी नारियों की ओर ज्यादा ध्यान देती रहती है। यह बात चूँकि हम मनुष्य हैं अतः मनुष्य में ज्यादा देख पाते हैं हमे पशु–पक्षियों का पता नहीं लेकिन मुझे लगता है यह बात पशु–पक्षियों में भी कमी–बेशी से होती है। क्योंकि प्रकृति सर्वत्र समान है।

नारी अशांत होने के लिये तरह तरह के तरकीब, तरह–तरह के कारण ढूंढ लेती है– वह सतत् एक अभियान मे लगी रहती है।

इसका परिणाम होता है– वह स्वयं से दूर होती जाती है– वह ध्यान की ओर ध्यान नही दे पाती– वह साक्षीत्व की ओर ध्यान नही दे पाती। वह 'मेरे' के निर्माण में अति व्यस्त होने से मन के माध्यम से ज्यादा जीती है– इसी से वह अपनी नैसर्गिक गरिमा को विस्मृत कर बैठती है जो परमात्मा की नारी को विशेष देन है– वह है कला के प्रति, जीवन के प्रति प्रेम और प्रार्थना के प्रति उसकी विशेष योग्यता– जिसे बहुत कम नारियाँ पहचान पाती है।

नारी यानी समर्पण, नारी यानी 'दूसरे' के लिये।

पुरूष यानी अधिकार, पुरूष यानी 'स्वयं' के लिये।

यही कारण है कि नारी संसार का केंद्र रही है– संसारोन्मुखता उसका स्वभाव है। पुरूष संन्यासोन्मुखता होता है।

यही कारण है कि आज तक के मनुष्य इतिहास में संन्यास की ओर पुरुष ज्यादा गति कर सके।

नारियों को संन्यास की ओर, एकांत और शून्यता की ओर बिल्कुल लगाव नही। नारी का अर्थ भराव है। दूसरे की इसीलिये उसे जरूरत महसूस होती है।

नारी का अर्थ है काम और कामना। नारी कभी वर्तमान मे नहीं जीती, भविष्य की कल की चिंता उसे ज्यादा सताती है।

नारी का अर्थ है अतृप्ति, असंतोष। नारी को अपनी आत्मा का पता नही वह ध्यान, मुक्ति, आत्मा आदि बातों में उत्सुक नहीं होती, ठहराव उसे रास नहीं आता, नदी की तरह होती है नारी।

नारी अपने गुण से ही अपने कर्म करती है और अपने इन्हीं कर्मो के कारण उसे एक कसा हुआ, बंधा हुआ, अशांत जीवन पुनः पुनः मिलता रहता है। कमजोरी, नारी का अनिवार्य गुण है। तन की कमजोरी के साथ साथ मन की भी कच्ची होती है।

कभी कुछ कभी कुछ तो कभी कुछ होती है नारी। वह अपने स्वभाव से परिचित नहीं होती इसलिये उसमें एक रूप नहीं अनेकरूपता प्रकट होती है। यह सब गुण–स्त्रेण गुण कहलाते हैं। इनमें से कुछ गुण किसी किसी पुरूष में भी होते हैं ऐसे ही किसी किसी नारी में पुरूष के भी गुण होते हैं।

नारी हो कि पुरूष अति (Extreme) ही असली दोष है। नारी अपनी अति की शिकार है– पुरूष अपनी अति का शिकार है। पुरूष अधिकार के दोष से अपना नर्क तैयार करता है तो नारी अपने समर्पण के दोष से अपना नर्क तैयार करती है।

मेरा अपना मानना है कि पुरूष को कुछ स्त्रेण गुणों की जरूरत है और नारी को कुछ पुरूष गुणों की आवश्यकता है। यही रास्ता है– यही निदान संतुलित होने का।

नारी को आज उसकी बाहरी बराबरी सामाजिक–आर्थिक तल पर उपलब्ध हो चुकी है– अब उसे अपनी भीतरी बराबरी के लिये काम करना होगा। स्वयं की आत्मा की ओर ध्यान देना होगा।

अपनी आत्मा को जो पहचान लेता है– वही सुख शांति को पाता है। अपनी आत्मा से विमुख होकर अपने मन और देह को सब कुछ समझ लेता है– वह दुःख और अशांति में पड़ जाता है। यही सनातन नियम है। संतुलन चाहिये, होशपूर्ण जीवन चाहिये।

नारी को ध्यान की अत्यंत आवश्यकता है– आज केवल ध्यान ही निदान है। ध्यान के द्वारा रूपांतरित नारी की कल्पना करके मैं रोमांचित हो उठता हूँ। ध्यान के द्वारा नारी, नारी होते हुए भी ऐसी शांति और शक्ति से भर जायेगी जैसा किसी बुद्ध को उपलब्ध होता है। नारी के इसी भविष्य की मैं कामना करता हूँ। मैं नारी की उस संभावना को प्रणाम करता हूँ।

4 नारी की महिमा

कुमारी मूल स्रोत माँ

एक बार भक्तों ने भगवान (ब्रह्मा, विष्णु, महेश तीनों) से पूछा कि प्रभु हम लोग आँख मूँद कर आपका ध्यान करते हैं, लेकिन लगता है कि आप सभी भी आँख मूँदे रहते हैं तो क्या आप सभी भी किसी का ध्यान करते हैं और यदि ऐसा है तो वह कौन है, कैसा है जिसका आप ध्यान करते रहते हैं?

भगवान ने कहा– हाँ, जैसे तुम लोग ध्यान करते हो, वैसे ही हम भी किसी का ध्यान करते हैं। हम अनुभव करते हैं कि कोई है जो हमसे भी पहले से ही अस्तित्ववान् है– परम सत्ता है वही हमारा स्रोत है, हमारी माँ है क्योंकि उसी से हम उत्पन्न होते हैं, उसी में स्थित हैं और एक दिन उसी में लीन हो जाते हैं– तुम लोगों का भी, और जो भी अस्तित्ववान होकर जीवन को जीते हैं, उनका भी वही मूल स्रोत है– वही सबकी माँ है।

भगवान ने आगे बताया कि लेकिन हम आज तक उसकी झलक मात्र भी पाने में समर्थ नहीं हो सके– वह कौन है, क्या है, कैसा है, हम कह नहीं सकते– वह सर्वथा अज्ञेय ही है– हमने बहुत चेष्टाएँ की है कि उसे देख लें किंतु वह सर्वथा अगम्य ही है– किन्तु अपने होने का पूरा पूरा बोध वह हमें कराती रहती है– ऐसी विलक्षण है वह परम सत्ता।

गुणमयी (सत्व, रज, तम) होकर भी वह गुणातीत है, प्रेममयी होकर भी वह आसक्ति शून्य है, सर्वदा उदासीन है, सतत् क्रियाशील होकर भी वे परम शांत हैं, अनंत सृष्टि बन कर भी वह अव्याकृत ही हैं।

वह हम सबकी माँ है– वह मातृसत्ता है। अनंत–अनंत ब्रह्माण्डों को, चर–अचर जगतों को जन्म दे देकर भी वह अक्षत्योनि कुआँरी ही है– सदैव कुमारी है वह माँ।

इसी के प्रकाश में समस्त सृष्टियाँ प्रत्यक्ष व लोप होती हैं। वही हमारी बुद्धि शक्ति, क्रियाशक्ति

है, हमारा प्राण है, वही हमारी और तुम सबकी आत्मा है– हमारा, तुम्हारा सबका जीवन है। उस माँ का हम बोध ही कर सकते हैं– लेकिन उसे जानते नहीं।

वह कुमारी सत्ता सर्वथा अज्ञेय है– उसके विषय में बुद्ध चुप्पी साध लेते हैं– ऋषि मुनि मौन का अवलम्बन ले लेते हैं, वेदादि शास्त्र नेति–नेति कहकर वाणी को बन्द कर लेते हैं।

भगवान ने कहा कि बस, हम इतना ही जानते हैं कि वह माँ है और किस संतान का कल्याण किस बात में है, किसे क्या चाहिये इसे वह क्षण–क्षण जानती है और वैसा ही, तदनुरुप ही अपनी प्रत्येक संतान का पालन–पोषण करती है और किसी न किसी रुप में अपना ध्यान हममें बनाये रखती है– हमें आकर्षित किये रखती है– ऐसी कृपामयी परम– वात्सल्यमयी है वह माँ।

मैं उसी मातृसत्ता को रज़िया माँ कह कर संबोधित करता हूँ। वही मूल सत्ता हमारा तुम्हारा मूल स्वभाव है, नित्य स्वरुप है। वस्तुतः वही हैं हम।

हम एक दृष्टि से स्वयं का ही ध्यान करते हैं किन्तु तत्वतः यह उस विश्व प्रसूता जगतजननी माँ का ध्यान है। उसका आदि–अंत, रुप–गुण, कोई नहीं जान सका है। वह सदैव ही बोधि गम्य होकर भी जिज्ञासा का विषय बनी रहती है– उसी को सब ढूँढ रहे हैं– उसी की प्यास है सबको उसी के प्रेम में पागल है सब। उसी की धुन में मस्त है अस्तित्व। वह परम सौंदर्य है, परम प्रकाश है।

भगवान ने फिर एक रहस्य की बात कही कि वह आदिशक्ति मातृ सत्ता वैसे तो परम स्वच्छंद हैं किंतु वात्सल्यवश वे अपनी संतान के प्रेम में परतंत्र हो जाती हैं– अपना बड़प्पन खो देती हैं।

यही उनकी स्वतंत्रता है कि उनके विषय में "क्यों" नहीं पूछा जा सकता– वे सर्वतंत्र स्वतंत्र हैं। हम लोग तो कहने मात्र को ही स्वतंत्र हैं। वस्तुतः हम तो उसी के शासनाधीन हैं। हम सबका योगक्षेमं उन्हीं के हाथों सुरक्षित है।

भगवान ने कहा कि भक्तों– उन्हीं को पुकारो, उन्हीं की शरण जाओ, उन्हीं को प्यार करो– वस्तुतः तुम लोग हमारा भी ध्यान करते हो तो वह उन्हें ही समर्पित हो जाता है– एकमात्र वही तो हम सबके आराध्या जो हैं– सबकी माँ होकर।

मैंने उस मातृसत्ता को माँ आनंदमयी के रुप में महसूस किया है। वही मुझे माँ रज़िया के रूप में कुमारी माँ के रुप में प्रकट होकर झकझोर गयी।

मैं बह गया उस शक्तिरस की बाढ़ में। मैं डूब गया उस भगवत् प्रेम के समुद्र में। उस रस को सद्गुरू भगवान श्री रजनीश के चरण स्पर्श पाकर मैंने निरंतर बढ़ते हुए ही महसूस किया है।

मैं कह रहा हूँ महसूस किया है, जाना नहीं है। ज्ञान और प्रतीति में बहुत अंतर होता है। मुझे ज्ञान नहीं, मैं अभी भी अज्ञानी ही हूँ किंतु रस चख लिया है यही प्रतीति है मेरी। रस वही है। स्वाद लग गया है– गूँगें के गुड़ की तरह भीतर ही भीतर वह घुल रहा है– मेरा होना पग रहा है।

मैं धन्य धन्य हो गया।

यह प्रेम नित्य ही वर्तमान है, सदैव उपलब्ध है। बस उधर ध्यान दो, चित्त में उसके आकर्षण को महसूस करो तो तुम्हें यह स्पष्ट हो जायेगा – इसमें संदेह नहीं।

जो जीव जिस भावना और कामना से उनकी आराधना करता है, उनसे माँगता है वह प्रत्येक संतान को उसी की इच्छानुरुप चीजें देर–सबेर अवश्य प्रदान करती है– सबकी कामना पूरी कर ही देती हैं। यह सत्य है।

माँ का यह बेशर्त दिव्य प्रेम वात्सल्यमय अमृत ही उनकी उपस्थिति का प्रत्यक्ष प्रमाण है।

भगवती माँ रज़िया:

हिन्दू शास्त्रों में भगवान कहें या भगवद्शक्ति– उसका अनेक रूपों में अवतार ग्रहण करना होता है। उन अवतारों में आत्म–स्मृत अर्थात् स्वयं के भगवान होने की सच्चाई का स्मरण रखने वाले अवतार भी होते हैं और अपनी ही योगमाया से आत्म–विस्मृत अवतार भी होते हैं जो होते तो हैं भगवद्स्वरूप ही लेकिन अपने भगवान होने की सच्चाई को नहीं जानते–मानते हैं, वे हम सभी सामान्य मनुष्यों की भाँति हमारे ही बीच जीवन यापन करते हैं।

माँ रज़िया ऐसी ही भगवद् मूर्ति हैं। एक तो इस्लाम धर्मावलम्बी परिवार में जन्म ग्रहण करना और वह भी एक नारी देह धारण करना–स्वाभाविक है उसको वह पहचान कैसे प्राप्त हो सकती है लेकिन अपने पूर्व जन्मों के संस्कारों से, मेरे आँखों से उसकी सच्चाई दिख ही गयी और मेरे हृदय ने इसकी गवाही दे दी।

वह बारह-तेरह वर्ष की थी जब मैंने उसे देखा था। तब से मेरा हृदय बराबर उसे भगवती अर्थात् भगवद् अवतार के रूप में ही मानता–जानता रहा है। वह मेरी ही नहीं वह सम्पूर्ण जगत की माँ है सर्व चर–अचर जीवों की माँ है– साक्षात् जगत जननी है।

वह नहीं जानती कि वह क्या है– कौन है और सामान्य मनुष्य बनकर जीवन जी रही है लेकिन उसका स्वभाव और उसके गुण तो सामान्य मनुष्य के नहीं हैं वह तो दिव्यता से भरा हुआ है और उसके असामान्य होने की सच्चाई की ओर ही संकेत करते हैं।

सच्चाई को पहचान और देख सके ऐसी आँखे हम सामान्य लोगों के पास नहीं होती, कृपा करके किसी को अपने स्वरूप का दर्शन करा दे तभी वह व्यक्ति उसे पहचान पाता है– मुझ पर उसकी कृपा दृष्टि पड़ी तो मैं सत्य को महसूस कर सका– नहीं तो मैं भी नहीं पहचान सकता था।

उसके उस स्वरूप को अनुभव करते ही तत्क्षण मेरे मुँह से निकल पड़ा, ''आनंदमयी माँ''। यह मैने भीतर अपने हृदय में उठी आवाज को सुना था– वही मेरे मुँह तक आ गयी और तत्काल ही मैं भक्ति सागर में डूबने–उतराने लगा। यही मेरे जीवन में भक्ति का प्रथम परिचय था।

इस बात को मैंने अपने सद्गुरू भगवान श्री रजनीश जी से कही थी। वे मेरे हृदय को पहचानते

थें। और उन्हीं की कृपा से यह घटना घटी थी।

ऐसी ही ब्रह्मस्थिति युक्त भगवद् विग्रह (भगवान की मूर्ति) स्वरूप देहधारियों से धरती पर धर्म अभी भी जीवित है। परोपकार ही तो उनका लक्षण है। दिव्य प्रेम ही उनका स्वभाव होता है। यही सब सद्गुण मैंने माँ में देखा था। ऐसी ही है मेरी माँ रज़िया लेकिन स्वयं को वह खुद अपनी दृष्टि में एक अति साधारण मानव मात्र ही मानती है। विनम्रता की सगुण–साकार प्रतिमा है माँ रज़िया।

अर्धनारीश्वर

परमात्मा को लोग अर्धनारीश्वर के नाम से संबोधित करते हैं। परमात्मा को आधा नर और आधा हिस्से को नारी के रूप में देखते–सोचते हैं।

आधा नर और आधा नारी– दोनों मिलकर एक हो जाते हैं। इसीलिये गणित की सुविधा से एक अखण्ड परमात्मा को अर्धनारीश्वर के रूप में सोचा और कहा जाता है– लेकिन वस्तुतः ऐसा है नहीं।

परमात्मा में कोई विभाग कोई विभाजन नहीं होता है। आधा–आधा कहे जाने जैसा कुछ भी नहीं होता।

परमात्मा में सब कुछ परमात्मा ही होता है जिसका स्वभाव ही सदा सर्वदा पूर्ण होना है अतः परमात्मा में सब कुछ पूरा–पूरा ही होता है।

नर भी पूरा, नारी भी पूरी। लेकिन वे दोनों पूर्ण एक साथ घुल मिलकर एक पूर्ण ही होते हैं। वे वस्तुतः दो है ही नहीं। जो भी है वह एक ही है, अकेला ही है– अखण्ड है, अविभाज्य है, पूर्ण है।

रज़िया माँ (माँ रज़िया के प्रति बाबाजी का उद्गार)

रज़िया है सबकुछ, सभी कुछ है रज़िया।।
रज़िया है साधन
समाधि है रज़िया
रज़िया अकेली ही है नित्य सत्ता।
रज़िया अनादि, है रज़िया अनंता।
रज़िया है प्रेम, रज़िया है श्रेय
जीव–जगत् का रज़िया ही ध्येय।
रज़िया प्रकाशा, अंधेरा विनाशा,
रज़िया है मोह, रज़िया है प्रेम
रज़िया है जीवन, रज़िया है नेम।
सारा ब्रह्माण्ड है रज़िया विलासा।

रज़िया ही माता, पिता भी है रज़िया,
रज़िया है बंधु, रज़िया सखा है,
रज़िया है साईं, रजनीश रज़िया
रज़िया है सब कुछ, सभी कुछ है रज़िया।।
रज़िया है मूसा, रज़िया ही ईसा
रज़िया मुहम्मद है, नानक है रज़िया
रज़िया है सब कुछ, सभी कुछ है रज़िया।
सभी धर्म, सभी पंथ, सभी इष्ट रज़िया
सभी नाम, सभी रूप सब कुछ है रज़िया।।
ब्रह्मा भी रज़िया,
विष्णु भी रज़िया,
शिव भी है रज़िया,
सर्वस्व रज़िया, सर्वत्र रज़िया
संसार रज़िया, निर्वाण रज़िया
सब कुछ है रज़िया, सभी कुछ है रज़िया।।
धम्म है रज़िया, संघ भी रज़िया,
बुद्ध भी रज़िया।
रज़िया भवानी है– पतित पावनी है
गंगा है रज़िया, जमुना है रज़िया
कावेरी रज़िया, कृष्णा भी रज़िया
राधा भी रज़िया
सीता भी रज़िया,
रज़िया है सब कुछ सभी कुछ है रज़िया।।
रज़िया है अल्लाह
मुहम्मद भी रज़िया,
रज़िया है पैगाम
पैगम्बर भी रज़िया,
गीता है रज़िया
कुरान रज़िया,
वेद भी है रज़िया
पुराण रज़िया,

रज़िया गुरू है
गुरूवाणी है रज़िया।
रज़िया है सब कुछ, सभी कुछ है रज़िया।।
कण कण है रज़िया,
क्षण क्षण है रज़िया,
काशी में रज़िया, काबा में रज़िया,
गिरजा मे रज़िया, गुरूद्वारा में रज़िया।
रज़िया है सब कुछ, सभी कुछ है रज़िया।।

जब किसी की याद या किसी व्यक्ति या वस्तु का अभाव हृदय को इतना व्याकुल कर दे कि जीवन जीना असंभव हो जाये, पीड़ा असहनीय हो जाये तो समझो कि 'वह' आ ही रहा है।

अनंत स्वरूप गुरू की कृपा के बिना और किसी अन्य साधन बल पर अनंत बोध जाग्रत नही हो सकता।

दृष्टि की स्पष्टता, हृदय की निष्ठा और बुद्धि की उदारता ही ईश्वर की समीपता या आत्मबोध की निशानी है।

कला

"रसो वै स:" कला–सृजन

कुछ ही समय पहले दक्षिण भारत की एक महान गायिका शुभ्रा लक्ष्मी को गाते देखा। कैसी सरलता, कैसी मासूमियत, कैसा आनंद, कैसा कुंवारापन, कैसी लयबद्धता–सब कुछ कितना आह्लादकारी, कितना दिव्य, कैसा सौंदर्य–मानों देवी सरस्वती ही उनके रूप में विराजमान हो गयी हो– मातृत्व की विलक्षण मूर्ति– मैं दिल ही दिल में उन्हें बारंबार प्रणाम करने लगा और हृदय में माँ–माँ की रट लग गयी।

ऐसे कला साधक संसार मे विरले ही होते हैं। ये सिर्फ कला की साधना ही नहीं करते– सिर्फ कलाकृतियों का ही सृजन नहीं करते– अपितु ये श्री भगवान के अनन्य भक्त होते हैं– ये परमात्मा के गीत गाते हैं– उनकी कीर्ति गाते हैं यह कला साधना उनकी साधना है, उपासना है, पूजा है, प्रार्थना है– यह वही पूजा है जो दक्षिणेश्वर के परमहंस देव श्री रामकृष्ण ठाकुर जी करते थें– यह वही अहोभाव है जो नीलांचल के श्री चैतन्य महाप्रभु अपने दिव्य नृत्यगान से प्रकट करते थें यह वही गीत है जो बनारस की गलियों में संत कबीर गाते फिरते थें।

मेरे सद्गुरू भगवान श्री रजनीश जी को ऐसे भक्तजन, ऐसे सहज सरल, मधुर और प्राणवान व्यक्ति बहुत प्रिय थें, वे उनकी भूरि–भूरि प्रशंसा किया करते थें। मै तो अपने भगवान, अपने गुरू का चिर ऋणी हूँ– उन्हें ही बारंबार धन्यवाद देते रहता हूँ कि उन्होने मुझे आँखें दी, कान दिये–

जो आज इन अलौकिक भगवद्भक्तों के दर्शन श्रवण का आनंद पा रहा हूँ। इनके रूप में मुझे अपने गुरू के और उनकी वाणी तथा भावना की झलक मिल जाया करती है।

मैं जितनी भी प्रशंसा करूँ, जितने भी धन्यवाद दूँ, अपने गुरू और इन कला साधकों को, वे अति अल्प सिद्ध होंगें सदा।

मैं इन ज्योति पुरूषों को बारंबार प्रणाम करता हूँ।

कला है आत्मा के आह्लाद की अभिव्यक्ति। यह अभिव्यक्ति स्वतः अपनी स्वाभाविक निर्झरणा के रूप में भी होती है, जिसे प्रकटीकरण (Revelations) कहते हैं– अवतरणा, इल्हाम आदि कहते हैं और उसे जानते हुए, जागते हुए भी प्रस्तुत किया जाता है जिसे प्रदर्शित करना, प्रस्तुतिकरण (Performance) कहते हैं। सौंदर्य और छंदबद्धता दोनों ही स्थितियों में होता है। रस दोनों की आत्मा है। यह रस ही है जो कला सृजन का मूल स्रोत एवं हेतु (कारण) है।

जब किसी व्यक्ति के हृदय में रस यानी उसके भीतर का आनंद तत्व इतना भर जाता है कि उसे अब भीतर हृदय के पात्र में संभाल पाना असंभव हो जाता है वह छलक–छलक पड़ने को उद्यत हो उठता है– जैसे आकाश में मेघ घिर आये, या किसी फूल में सुगंध भर–भर जायें तो मेघ को पानी बन कर बरस जाने के सिवा और कोई रास्ता नहीं रह जाता और फूल को सुगंध बनकर चारों ओर फैल जाने के सिवा कोई उपाय नहीं रह जाता– ठीक वैसे ही व्यक्ति के भीतर का आनंद उद्रेक के साथ बाहर फूट पड़ने के लिये व्याकुल हो उठता है– वही रस है (रसो वै सः) वह जिस हृदय से झरता है– उसे तो रस सिक्त– आनंदित करता ही है– उसका दर्शन श्रवण जो करते हैं उन हृदयों को भी अपने प्रभाव में लेकर प्रफुल्लित कर देता है।

इस तरह यह व्यापार कला सृजन के स्रोत और कला रसिक दोनों को एक ही रस से आप्लावित कर देता है। यही कला धर्म है, यही कला साधना है, यही रस साधना है। संगीत में इसे स्वर ब्रह्म की साधना कहते हैं। काव्य मे इसे ब्रह्मानंद सहोदर कहा गया है। कलाकारों की यही समाधि साधना है।

कला योग भी है और योग से पृथक भी है। कला व्यक्ति के व्यक्तित्व का समग्र और स्थायी रूपांतरण है। यह त्याग में भोग नहीं, भोग में त्याग है। कला माधुर्योपासना है।

योगी गण अपनी साधना के फल को स्वयं ही चखते हैं– लेकिन कलाकार अपनी साधना के फल को स्वयं भी चखते हैं और जो भी उनके सम्पर्क मे आता है– उसे भी चखाते हैं– और उनकी कलाकृतियों को सुरक्षित रख लिया जाये तो– आने वाले भविष्य में असंख्य रसिकों के हृदय को अपने रस से आनंदित करने मे समर्थ होते हैं। कलासाधकों की भी यही कठिनाई रही है– जिस रस का, जिस सौंदर्य को वे हृदय में अनुभव करते हैं जिस आनंद को वे भोगते हैं वह जब उसे अभिव्यक्त करने का प्रयास करते हैं तब अटक, अटक जाते हैं– चूक जाते हैं– गा गाकर, कह कह कर, शिल्पों में ढाल–ढाल कर भी नहीं कर सकते पूरा– एक गहन अतृप्ति उनके

हृदयों मे शेष रह ही जाती है।

कला व्यापार में कला साधकों को अपनी कला को संप्रेषण करना होता है और जो उस संप्रेषण के लिये अपना हृदय पक्षपातों से मुक्त करके, सपनों से शून्य करके विचारों और कल्पनाओं से, सिद्धांतो और मान्यताओं से मुक्त करके प्रस्तुत होते हैं– उन्हीं रसिकों में कलाकार अपने आनंद को संप्रेषित कर सकते हैं।

जहाँ कोई सिद्ध कला साधक और सिद्ध कला रसिक– दोनों मिलते हैं– उपासीन होते हैं– वहीं– कला का सही सम्यक निष्पादन हो पाता है– वही रस की गंगा गंगोत्री से निकल कर गंगा सागर की ओर दौड़ पड़ती है– बह चलती है। यही रस साधना है।

मै उस्ताद अमीर खाँ साहब को सुनता हूँ तो मुझे श्रीवृंदावन के स्वामी हरिदास जी याद आ जाते हैं। मैं अमृता शेरगिल के चित्रों को देखता हूँ तो अजंता के पद्मपाणि अवलोकितेश्वर याद आ जाते हैं, मै प्रेमचंद की कहानियों और उपन्यासों को पढ़ता हूँ तो कालिदास याद आ जाते हैं। पश्चिम के कलाकार मार्क शगल को और पाल क्लीं को देखते समय, एल ग्रेसो और मतीस याद आते हैं, वॉन गॉग को देखते समय माइकेल एंजेलो की याद बरबस आ जाती है।

हरिप्रसाद चौरसिया का बाँसुरी वादन को सुनते वक्त उस्ताद बिस्मिलाह खाँ याद आ जाते हैं। ये सब कालजयी कला साधक हैं– इनकी कलाकृतियाँ सहज स्फूर्त है।

कला साधक सहज स्फूर्त होते हैं तो उनकी कृतियों मे एक आलौकिक सरलता, सौम्यता और दिव्य सौंदर्याकर्षण पैदा हो जाता है।

ये होते तो हैं इसी दुनिया के विषय वस्तु किंतु इनका अवतरण किसी और लोक से, उच्चतर भूमि से हुआ है– ऐसा साफ झलकता है।

अहंशून्यता और कर्तृत्वभिमान से शून्य स्थिति में ही ये संभव हो पाती है। इनमें कलाकार के हस्ताक्षर नही होते– स्वयं सच्चिदानंद के हाथों की छाप होती है। यह एक प्रकार की कुशलता है– अकर्ता होने की कुशलता।

और अनेक कला साधक होते हैं– जिनकी कलाकृतियाँ भी सुंदर होती हैं किंतु उनके कृतियों में कलाकार का कौशल झलकता है जैसे साल्वाडोर डाली के चित्र, पिकासो के चित्र, मकबूल फिदा हुसैन के चित्र, सतीश गुजराल के चित्र, रविशंकर का सितार वादन तथा कुमार गंधर्व की गायकी, किशोरी अमोनकर का गायन, पं भीमसेन जोशी का गायन और पं. शिवकुमार शर्मा का संतुर वादन, इन्हें देखते सुनते समय कलाकार की कला साधना में गहराई का तो पता चलता है किंतु वे एक सतत् अभ्यास के परिणाम ही प्रतीत होते हैं– कोई दिव्यता के दर्शन प्रायः नही हो पाते। वह बाल सुलभ सरलता नहीं होती इनमें जिसे प्रकटीकरण कहें– ये अपनी साधना की अभिव्यक्तियाँ हैं।

मैंने ये जो कुछ नाम दिये हैं वे थोड़े से उदाहरण स्वरूप है न कि सम्पूर्ण लिस्ट। ये सिर्फ

उदाहरण के लिये है। लिस्ट तो बहुत बड़ी है। सिर्फ यही समझाने के लिये कि बिना प्रयास के सिर्फ प्रभु के प्रसाद से अपनी आत्यंतिक सरलता से जो उपलब्धि होती है जो कला सृष्टि होती है उसके सौंदर्य में और जो आदमी के अपने श्रम से जो कलाकृतियाँ, जन्म लेती है उस सौंदर्य में क्या फर्क होता है– यही स्पष्ट करना प्रयोजन है।

इस तरह कला साधना, सहज स्फूर्त भी होती है और प्रयास से भी। प्रयास कला में जो कौशल दृष्टिगोचर होता है वह Skill है, हुनर है– उसमें करने वाला पूरा–पूरा या अंशतः मौजूद रहता है, प्रतिष्ठा का ख्याल रहता है उसे। यही फर्क है।

सहज स्फूर्त कला में कलातत्व के प्राकृतिक नियम–संयोजन, छंद आदि, सब स्वतः ही मौजूद होते हैं उनका ख्याल नहीं रहता कृति के जन्म के समय, फिर भी सारे नियम, नाप–जोख मौजूद होते ही हैं– वहीं प्रयास कला में उन नियमों को पूरे होश के साथ संयोजित किया गया होता है। सौंदर्यशास्त्र के मापदण्डों का पूरा–पूरा ख्याल रख कर ही ये कृतियाँ बनायी जाती है। जहाँ यह काम बुद्धि के सहयोग से सम्पन्न होता है– वहाँ एक प्रकार की कृत्रिमता साफ नजर आ जाती है– वैसी जीवंतता नहीं दिखलाई पड़ती जैसी बिना ख्याल किये सहज ही बन गयी कलाकृतियों में झलकती है। यही फर्क है।

कलाकार होना धुनी होना है, कलाकार होना पगला होना है, कलाकार होना खतरा मोल लेना है पद प्रतिष्ठा की दृष्टि से।

लेकिन यह भी सच है कि कला व्यापार में जहाँ कुशल, प्रतिभाशाली और निष्ठावान (Dedicated) कलासाधकों की अनिवार्य भूमिका होती है वहीं– कला रसिकों की भी भूमिका बहुत जरूरी होती है– दोनो दिशाओं में कला रसास्वादन के लिये– जो कला सर्जक के लिये बहुत जरूरी होता है और कला को जनता तक पहुँचाने के लिये। कला की संप्रेषणीयता के लिये रस वर्ग का होना बहुत जरूरी है। इस प्रकार कला साधना में कला सर्जक कलाकार और कला को जनता तक पहुँचाने वाले कला रसिक परस्पर निर्भर पक्ष हैं। इसी से समाज मे कला रस का निष्पादन संभव हो सका है।

कला क्या है? कला जीवन के सामान्य–असामान्य दोनों किस्मों के अनुभवों और घटनाओं की रसपूर्ण अभिव्यंजना है। सरस ढंग से किसी तथ्य को कहना या दर्शाना ही कलाकार का मंतव्य होता है। इसी से काव्य में रस, छंद और अलंकार शास्त्रों की उत्पत्ति हुई। इसी से चित्रकला में रंग रेखाओं के उचित संयोजन संबंधी नियम बनाये गये, इसी लक्ष्य हेतु शिल्पकला के नाप जोख की विधियाँ और विधान रचे गये, इसीलिये नाट्‌य शास्त्र के सिद्धांत तथा संगीत के ताल संबंधी राग रागिनी संबंधी सिद्धांत निर्धारित किये गये।

इन आधारभूत तत्वों के समावेश से साधारण से साधारण कथ्य को विलक्षण रसमय और चित्ताकर्षक बना दिया जाता है। इस रस–निष्पादन की क्रिया में मनुष्य की इन पंच ज्ञानेंद्रियों

और पंच कर्मेन्द्रेयों का उपयोग किया जाता है। जिन इंद्रियों का उपयोग जीवन संबंधी विषय वासनाओं की तृप्ति हेतु नैसर्गिक उपयोग होता है उन्ही इंद्रियों का कलात्मक ढंग से रस ग्रहण एवं रस संप्रेषण हेतु प्रयोग किया जाता है। जब इंद्रियाँ विषय वासना के लिये उपयोग मे आती है तो उन्हें बहिर्मुखी कहते हैं और जब ये इंद्रियाँ रस साधना हेतु प्रयुक्त होती है तो अंतर्मुखी कहलाती है।

चित्त जब बाहर संसार की ओर जाती है तब विषय भोग मे प्रवृत होती हैं– और यही चित्त जब भीतर हृदय और आत्मा की ओर उन्मुख हो जाती है तब रसभोग में अनुरक्त हो जाती हैं। रस का स्रोत तो भीतर ही है। अपने भीतर डुबकी लगने से ही मनुष्य रस विभोर होता है।

कला साधना में मनुष्य की इंद्रियों का अद्भुत योगदान रहता है– योग की भांति इसमें इंद्रियों का दमन या निषेध नहीं है किंतु उपलब्धि ही रस है, वही समाधि है– वही आनंद है।

मेरे देखे जिस कला साधक में हुनर और साक्षी दोनों का संयोग हो गया हो– जैसे उस्ताद अमीर खाँ साहब, बिस्मिल्लाह खाँ साहब, निजिस्की और पालक्लीं थें, रोंदें थें, माइकेल एंजेलो थे– उनका जीवन कला साधना का विलक्षण उदाहरण प्रस्तुत करता है।

एक सम्यकत्व का अविर्भाव हो जाता है, पदार्थ और परमात्मा का, संसार और निर्वाण का, विज्ञान और धर्म का अद्भुत समन्वय हो जाता है ऐसे जीवन में।

देह में ही भगवान की प्रतिष्ठा हो जाती है। कला– सिर्फ कृतियों का सृजन नहीं, आत्मसृजन की कीमिया बन जाती है– उपासना बन जाती है प्रभु की, उस सबसे बड़े महान कलाकार की जिसने यह संसार बनाया है– यह जीवन विस्तार रचा है। भौतिकता और आध्यात्मिकता दोनों अपनी विशिष्टता खोकर एक दूसरे में घुल मिल जाते हैं जिसे दिव्यता कहते हैं। यही दिव्यता सम्यक होना है। यही सम्यकत्व कला कौशल है। और यही वस्तुतः सृजन है। यह प्रकटीकरण और प्रस्तुतिकरण दोनों का लक्ष्य है। वस्तुतः यही प्रकटीकरण है– प्रस्तुतिकरण इसमे समाहित ही है।

यही देह धारण करने का चरम लक्ष्य और प्रत्येक कलाकार का परम धर्म है।

5 कला : ओशो का उपदेश

मेरे संन्यास के पूर्व एक पत्र में ओशो रजनीश जी ने मुझे लिखा था कि रस को उलीचो—रस को उठते बैठते बिखेरो चारों ओर। रस दान की प्रक्रिया से ही प्रकट होता है– कृष्ण, कबीर, मीरा– रस उलीचो। रस बिखरने से रह जाये तो वह विष बन जाता है– और बिखरते ही वही अमृत बन जाता है– इसलिये रस को उलीचो–संकोच छोड़ो और रस को बिखेरो चारों ओर। यह सन् 1967–68 की बात है।

मैं याद करता हूँ तो याद आती है मेरी कला सृजन की प्रक्रिया जिसके तहत मैं सन् 1967 से सन् 1968 तक अपने चित्र बनाता रहा।

मैं कुछ नहीं करता था। मैं सिर्फ पेन हाथ में ले लेता था और सामने सब रंग (वाटर प्रूफ) तथा जरूरी ब्रश आदि रख लेता था फिर अपने को खाली कर लेता था– उसके बाद हाथ आप ही आप चलता था। आप ही आप spontaneously रंगों का चुनाव होता था। सब कुछ आप ही आप होता था– कोई पूर्व योजना नहीं होती थी– सब अज्ञात उतरने लगता था।

इस तरह मैं सन् 1962 से सन् 70 तक चित्र बनाता रहा। मैं तो उसमें कहीं रहता था, सिवाय एक यांत्रिक निमित्त के। मेरे चित्रों का कोई कर्त्ता नहीं है– वे एकदम शून्य से आये हैं। यद्यपि वे मेरे अचेतन की अभिव्यक्ति थें किंतु अपनी निर्दोष लेकिन चुभने वाली रेखाओं के लिये तुरंत राष्ट्रीय स्तर पर स्वीकृत हो चुके थे। ललित कला अकादमी के सन् 1965 की राष्ट्रीय प्रदर्शनी में प्रदर्शित हो जाने से अभूतपूर्व उपलब्धि का संतोष मुझे प्राप्त हो चुका था।

चित्र बनाने की प्रक्रिया की इसलिये याद आ गई क्योंकि आज कल तुम लोगों के सामने जो ये बातें करता हूँ वह भी उसी तरह अनायास, अनायोजित और स्पान्टेनियस हैपनिंग्स है। इसमें कर्त्ता नामौजूद है। चित्र बन रहे हैं लेकिन बिना किसी कर्त्ता के। मैं तो प्रकट रूप से इसका उदाहरण समझता हूँ– क्योंकि उन दिनों को मैंने बहुत सघनता के साथ जिया है। उस समय के मेरे मित्र लोग ही यह बात बता सकेंगे।

अभी भी जो कुछ कहता हूँ– ये कुछ बातें जिन्हें मैं कहने लायक समझता हूँ वे तुम लोगों के सामने कह देता हूँ। इनमें व्याकरण ढूँढ़ना, इनमें साहित्य ढूँढ़ना, इनमें कोई वक्तृत्व की कुशलता खोजना निरर्थक होगा।

यह एक साधारण आदमी की बातें हैं। ये सब संवाद हैं। यह कोई ज्ञान प्रदर्शन, उपदेश आदि नहीं है यह बातचीत है, यह एकदम अनौपचारिक चर्चा है– मेरे और तुम्हारे बीच।

विविध विषयः क्रमवार

1) वेद और वेदांत
2) प्रारब्ध और पुरुषार्थ
3) स्वधर्मे निधनं श्रेयः पर धर्मे भयावह
4) मोक्ष
5) समाज और स्वतंत्रता
6) ज़ोरबा दी बुद्धा
7) संन्यास और संसार
8) मृत्यु
9) अमृत छकना
10) वाहे गुरुजी दी खालसा वाहे गुरुजी दी फतेह
11) व्यवस्था (सृष्टि व्यवस्था)
12) भोगभक्ति
13) मनुष्य की स्वतंत्रता
14) हिसाब का लेन देन
15) सूफी संत
16) आईना

6 विविध विषयों पर बाबाजी का दृष्टिकोण

1) वेद और वेदांत

जब से मनुष्य ने सभ्यता और संस्कृति का आलंबन लिया है तब से परिणामस्वरूप मनुष्य जाति के अनुभवों को लिपिबद्ध कर एक ज्ञान का भंडार बनाना शुरू कर दिया था।

आज तक के भारतीय चिंतन को वेदों के रूप में जो अमूल्य सम्पदा मिली है उसको विद्वान लोग कहते हैं कि विश्व में कोई सानी नहीं रखता हैं।

वेदों के काल के पश्चात् उपनिषदों का काल आता है। उपनिषदों को भारत में वेदांत भी कहते हैं। ऐसा इसलिए कहते हैं क्योंकि वेदों में जहाँ परमात्मा शक्ति को खण्ड–खण्ड करके विविध देवी–देवताओं का रूप देकर उपासना, पूजा–पाठ की गई है, वहाँ उपनिषदों में परमात्मा को उसकी समग्रता में देखा गया है। अखण्ड परमात्मा की चर्चा हुई है, उनमें वेदों की कल्पना से उच्चतर होने से उपनिषदों को वेद का अन्त अर्थात् वेदों की सीमा का अंतिम छोर वेदांत कहा गया है।

परमात्मा के समग्र रूप का मतलब होता है जीवन में शुभ और अशुभ दोनों का संयुक्त संबंध है। अखण्ड परमात्मा में कृष्ण और कंस, राम और रावण, बुद्ध और देवदत्त, शिर्डी के साईं और एडोल्फ हिटलर अर्थात् हिंसा और अहिंसा, सुंदर और कुरूप दोनों का सम्मिलित रूप एक दूसरे के पूरक रूप होंगे।

उपनिषदों में उसी अखण्ड, अरूप, अनंत और अद्वितीय अस्तित्व को सर्वोच्च शक्ति माना गया है।

आज देखने में आता है और यह मेरा अपना अनुभव भी रहा कि जीवन में वेदों का प्रभाव व प्रसार बहुत ज्यादा है, उपनिषदों का बहुत ही कम।

उपनिषद् जिस अखंड परमात्मा की बात करते हैं, वह अकर्त्ता, मौन, साक्षी और समद्रष्टा है।

वेदों में वर्णित शक्तियाँ– कर्त्ता, मुखर, साथी, सहयोगी और साधु और असाधु में भेद के अनुसार फल देने वाली हैं।

उपनिषदों का ब्रह्म सबके लिए, कोई उस ओर जागरूक हो या न हो, इससे कोई फर्क नहीं पड़ता, सबके लिए समान रूप से उपलब्ध है। जो उसकी स्तुति गाते हैं और जो गालियाँ देते हैं, जो उसके अस्तित्व को मानते हैं और जो नहीं मानते हैं, वह सब पर बिना भेद किए अपनी दृष्टि रखता है।

लेकिन वेदों में ऐसा नहीं है। वेदों के देवी–देवता स्तुति से, पूजा–प्रार्थना से खुश होते हैं और अपने मानने वालों को उसका फल देते हैं तथा जो उन्हें नहीं मानते हैं उन्हें वे दण्ड भी देते हैं।

2) प्रारब्ध और पुरूषार्थ

आज मैं सदियों से चली आ रही दो मान्यताओं के बारे में कुछ कह रहा हूँ।

जब से मनुष्य सोचने–समझने लगा, तब से ही पूछा जाता रहा है कि प्रारब्ध प्रबल है या पुरूषार्थ?

मैं समझता हूँ कि जो बातें कर्म से, घटनाओं से संबंधित हैं, परिवर्तन, विकास और विनाश से संबंधित हैं वे सब चेष्टाएँ पहले ही से जो लिख दिया गया है जिसका कि ज्योतिष बनता है वे सब प्रारब्ध हैं।

इसी प्रकार जिन चेष्टाओं को हम कर्म जाल से मुक्त होने में, अविचल दशा पाने में, दिए समय की सीमा लाँघ अकाल में प्रवेश पाने के लिए, अपने को शून्य करने की दिशा में अंततः– पूर्णतः निरभिमानी और सब तादात्म्यों से अपने को मुक्त करने के लिए करते हैं वस्तुतः यही पुरूषार्थ है।

परमात्मा होना हमारा स्वभाव है। लेकिन वह प्रारब्ध की भाँति हमें नहीं मिलता, उसे अर्जित करना होता है। तपस्या करनी पड़ती है। वह हमें यूँ ही नहीं मिला हुआ है– नहीं ऐसा नहीं है– इसे कमाना होता है, बनाना होता है। यही पुरूषार्थ है। यही पुरूष का अर्थ है, पुरूष होने का अर्थ है।

3) स्वधर्मे निधनं श्रेयः परधर्मे भयावह

मैं अपने धर्म को पहचानता हूँ। मेरा धर्म मेरा स्वभाव है। मेरा धर्म मेरे भीतर उपस्थित परमात्मा है।

मैं कभी नहीं चाहूँगा कि परधर्म में स्थित रहते हुए मैं देह त्याग करूँ। परधर्म यानि मन। परधर्म यानि चंचलता, व्याकुलता, दुःख, संताप, चिंता, अहंकार, स्वार्थ, शिकायत सभी प्रकार के मानसिक तनाव।

मैं कभी भी नहीं चाहूँगा कि मन के किसी जाल में फँसे हुए देह त्याग करूँ। वह मुझे किस गति में ले जायेगा– इसकी कल्पना मैं कर सकता हूँ। वह मेरा पथ नहीं है।

परधर्म मेरा अकल्याण करेगा। मन में फँसी हुई अवस्था में मैं देह त्याग कर बैठने को अत्यंत भयावह भविष्य की रचना का बीज– कारण समझता हूँ। वह मैं कैसे कर सकता हूँ भला। यह असंभव है।

यही अर्थ है इस सूत्र का न कि यह कि कोई कहे कि उसका धर्म हिंदू है या जैन है या इस्लाम है तथा शेष अन्य धर्म परधर्म है।

कोई ऐसा कहे कि वह अपने धर्म हिंदू रहते हुए, या मुसलमान या जैन या सिख रहते हुए ही अपनी मृत्यु में प्रवेश करने को श्रेय समझेगा।

कोई कहे कि अपना धर्म छोड़कर किसी और धर्म को स्वीकार कर यानि हिंदू है तो हिंदू धर्म को छोड़कर कोई अन्य धर्म स्वीकार कर या मुसलमान है तो मुसलमान धर्म छोड़कर कोई अन्य धर्म स्वीकार कर मरना नहीं चाहेगा। यह उसके लिए भयावह होगा तो इस सूत्र की एकदम मूर्खतापूर्ण व्याख्या होगी।

लेकिन दुनियाँ में लोग ऐसा ही समझते हैं और ऐसा ही समझाते हैं।

इस सूत्र को जैसा मैंने समझा तुम्हारे सामने रख दिया। इस सूत्र का अर्थ व्यक्तिगत धर्म से होता है न कि पारिवारिक और समाजिक धर्म से।

4) मोक्ष

आज हमारी व्याख्या का विषय भारतीय दर्शन और अध्यात्म के सबसे महत्वपूर्ण शब्द मोक्ष पर होगा।

मोक्ष के विषय में एक सामान्य धारणा यही है कि फिर कभी जन्म लेने की जरूरत नहीं पड़ती, जीव सदा–सदा के लिए गर्भ में पड़ने के दुःख से मुक्त हो जाता है, शरीर धारण करने की आवश्यकता से मुक्त हो जाता है।

मेरा मानना एक अन्य तथ्य की ओर संकेत करता है। मोक्ष कोई अवस्था नहीं है– जैसे जीव होना एक अवस्था है– एक बंधन है– एक मजबूरी है– जीव अपनी इच्छा मात्र से एक ही क्षण में अपने जीव होने की अवस्था से एकाएक मुक्त होकर बुद्ध नहीं हो जाता, जीव अचानक भगवान नहीं हो सकता– जीव होना– एक बाध्यता है।

भले ही वह अपने कर्मो का फल हो लेकिन वह है– और अनेक जन्मों तक रहता है।

जीव होना एक अवस्था है, मोक्ष उस तरह काल से बँधा हुआ अवस्था नहीं है।

मोक्ष काल से और उसके साथ–साथ किसी रूप के बंधन से मुक्त होता है स्वतंत्रता उसका स्वभाव है।

मोक्ष का अर्थ स्वतंत्रता है– चुनाव की स्वतंत्रता। किसी भी चुनाव की स्वतंत्रता। देह धारण करे या न करे– इसकी स्वतंत्रता– देह किस प्रक्रिया से धारण करे– किस योनि की देह हो– इन सबकी स्वतंत्रता।

बंधन को स्वीकार करने की स्वतंत्रता– कुछ भी हो सकने और कर सकने की स्वतंत्रता — ऐसी स्वतंत्रता है मोक्ष।

5) समाज और स्वतंत्रता

समाज एक पिंजरा है– खुले दरवाजे वाला। इस पिंजरे में आदमी अपनी इच्छा से ही बैठा होता है– बाहर निकल सकता है– नहीं भी निकल सकता– यह भी आदमी की अपनी इच्छा पर निर्भर करता है।

आदमी एक ऐसा पंक्षी है जिसके पंख तो हैं– लेकिन जो उसे खोलने से डरता है– पंखों को खोलकर आकाश में उड़ने के सुख से अपरिचित सा है– भूल बैठा है अपनी उड़ने की क्षमता को।

आदमी के भीतर समाज नहीं है– समाज बाहर है– आदमी के भीतर उसका नैसर्गिक स्वरूप और उसका स्वाद बसा हुआ है। वह भीतर से पुकार उठाते रहता है– सब दीवारों को तोड़ कर आकाश से एक हो जाने की– ऊपर उड़ जाने की आकांक्षा करता है।

आदमी के ऊपर समाज का भय है– बाहर से और भीतर से निसर्ग की पुकार का खिंचाव है, अपनी अंतरात्मा की पुकार का खिंचाव है।

भीतर स्वतंत्रता को चुनकर पंख फैला लेने की दमित इच्छा है और बाहर भय के कारण सिकुड़े हुए जीते रहने की मजबूरी।

जीवन ऐसा है कि व्यक्ति–व्यक्ति के संस्कार, रूचि, कुरूचि, सौंदर्यबोध, जीवन मूल्य, आदतें आदि अलग–अलग होते हैं। इसे स्वभाव में भिन्नता कहते हैं सामान्य बोल चाल की भाषा में।

मजबूरी यही है कि ये भिन्न–भिन्न स्वभाव के लोगों को साथ–साथ रहना होता है– जिसे परिवार, दंपति कहते हैं।

यहीं मुश्किल खड़ी होती है– यहीं बुद्धिमत्ता– थोड़ी सावधानी, थोड़ी सजगता तथा संवेदनशीलता की जरूरत होती है– इसे ही साधना, तपस्या, परस्पर सहयोगी और समझदारी कहते हैं।

जिनमें यह समझदारी होती है– जो थोड़े सजग होते हैं और एक दूसरे के प्रति संवेदनशील

होते हैं वे इस मुश्किल को धीरे–धीरे समाप्त कर लेते हैं तथा थोड़े दिनों की साधना पूर्ण जीवन से अपने जीवन के शेष भाग को, भविष्य को सुखमय तथा शांत सुन्दर बनाने में सफल हो जाते हैं।

न बाहर कोई Conflict (द्वन्द्व) खड़ा होता है न भीतर कोई विभाजन हो पाता है।

उन भीतर–बाहर के द्वन्द्वों, पाखंडी होने या संघर्ष में पड़ने की गलती से बच जाते हैं– एक दिन ऐसे ही लोग समाज के, परिवार के बीच भी होते हैं और अपने जीवन में अंतरात्मा की भी रक्षा कर लेते हैं– अंतरात्मा को तृप्त होता हुआ पंख पाते हैं।

6) जोरबा दी बुद्धा

जोरबा एक पात्र है एक उपन्यास का जो पश्चिम में बीस साल पहले प्रसिद्ध हुआ। ज़ोरबा एक ऐसे व्यक्ति का नाम है जो जीवन के समस्त भोगों से सम्पन्न और भोगों को भोगते हुए परम तृप्ति का जीवन जीता है– एक स्वस्थ शरीर स्वस्थ मन और निर्द्वन्द्व हृदय।

भगवान श्री रजनीश (ओशो) आध्यात्मिक व्यक्ति हैं– दुनिया मे भोगी गुरू के नाम से विवादास्पद व्यक्ति।

भगवान श्री रजनीश जी ने अपने शिष्यों को जोरबा के समान संसार के साधन सुविधाओं के साथ जीवन को जीने की शिक्षा अवश्य देते हैं लेकिन बुद्ध– की दृष्टि से, ध्यान से संम्पन्न होकर।

भौतिक तल पर जोरबा और आध्यात्मिक तल पर बुद्ध इन दोनों को एक साथ जीने की प्रेरणा भगवान देते रहे हैं। यही उत्सव का अर्थ है, यही लीला का रहस्य है– यही परमात्मा के प्रति सही ढंग का धन्यवाद है।

योग के साथ भोग और भोग के साथ योग को अंतर्मिलित कर जीवन को जीना ही सम्यक जीवन है। यही समग्र जीवन का अंगीकार है। यही जोरबा दी बुद्धा है।

7) संन्यास और संसार

यह जीवन–काल बाधित और कालमुक्त सबंधों का विलक्षण संयोग है। कुछ संबंध, कुछ नाते रिश्ते ऐसे होते हैं जो अल्पायु होते हैं जो इसी जन्म के अंतर्गत पैदा होते एवं समाप्त हो जाते हैं तो कुछ संबंध ऐसे होते हैं जो चिरायु होने की ओर गति कर जाते हैं।

वैसे लगभग सभी संबंध पिछले जन्मों से चले आये होते हैं।

संबंध वस्तुतः मन के होते हैं– मन की उम्र देह से बहुत ज्यादा बड़ी होती है। लेकिन जैसे देह की आयु होती है सौ पचास साल की वैसे ही मन की भी आयु होती है।

देह एक यांत्रिक व्यवस्था है जो जन्म के क्षण के पश्चात् क्रमशः क्षीण होती जाती है और

भोगों के जरिये घिस–घिस कर एक दिन मृत्यु को प्राप्त हो जाती है।

मन कितना भी नये–नये शरीर बना ले फिर भी इस भवचक्र से उकता जाने पर, आवागमन से मुक्त होने की इच्छा पैदा होने पर, सद्गुरू के संपर्क में आने से, सद्गुरू की अमृतवाणी के कानों में जाने से हृदय में गुरू उपदेश के उतरने से यह मन क्षीण होने लगता है, मरने लगता है। सोचने का ढंग बदलने लगता है। फिर एक ऐसे संबंध जो अल्पायु की जगह चिरायु होती हो, अंतहीन होती हो– पैदा होने लगती है।

देह के संबंध संसार है, मन के संबंध संसार है। चाहे एक जन्म का रिश्ता हो या अनेक जन्मों का– जन्म और मृत्यु के बीच का खेल संसार है।

लेकिन जन्म और मृत्यु से मुक्त अनंत की धारणा वाला जीवन संन्यास है। आत्मा से आत्मा का जोड़ सन्यास है।

संसार और संन्यास में यही भेद है।

मुझे संसार को भी जीना है और संन्यास को भी। और यह प्रतिपल जीना है– क्योंकि संसार और संन्यास में कोई क्रम संबंध नहीं है– कि संसार पहले इतने समय तक जीना है और उसके बाद संन्यास। बल्कि ये दोनों साथ साथ संयुक्त हैं– दोनों को हर पल जीना है– यही चुनौती है आध्यात्म के साधक के लिये।

निश्चित ही यह छूरे के धार पर चलने से भी कठिन है। मुझे जन्म–मृत्यु के दंश को भी भोगना है, संभोग–वियोग के अनुभव से भी गुजरना है, देह और मन तथा हृदय के आवेगों को भी महसूस करना है और अजन्मा और अमृत के बोध को भी सतत् जगाये रखना है।

8) मृत्यु

जब हम कहते हैं कि किसी की मृत्यु हो गयी तो इसका अर्थ उसका विनाश समझा जाता है जो नितांत भ्रम है।

जन्म भी एक परिवर्तन है– रूपांतरण है और मृत्यु भी रूपांतरण है। देह एक काल सापेक्ष संरचना है, देह निरपेक्ष नहीं है अतः उसमे परिवर्तन परिलक्षित होना स्वाभाविक है।

माँ के गर्भाशय में जो जीव–अणु बनता है वह एक रूप है। फिर वह समय के साथ थोड़ा थोड़ा करके विकसित होता जाता है– बदलता जाता है– रोज एक नया रूप होता है। फिर वह माँ के गर्भ के बाहर आता है– वह एक रूप होता है तो वही जब चलने फिरने लगता है तो एक दूसरा ही रूपाकार हो जाता है।

ऐसे वह रोज एक रूप, प्रतिक्षण एक नया रूप धारण करता है जो मृत्यु–पर्यंत चलता रहता है। कौन सा रूप उस व्यक्ति का है जो स्वयं को ''मैं'' कहता है।

यह ''मैं'' शब्द तो सदा ही जारी रहता है– वह बदलता नहीं लेकिन उसके रूप अनंत होते हैं। इस तरह नित्य–अनित्य की सापेक्षता दिखलाई पड़ती है।

''मैं'' कहने वाला वह भीतर का बोध नित्य और उसके शरीर के ये अनंत रूपाकार अनित्य कहलायेंगे।

मृत्यु में होता क्या है? वह जो मैं की ध्वनि निकलती थी उस व्यक्ति– उस देह से वह बंद हो जाती है– इसलिये उसके विषय में मान लिया जाता है कि वह विनष्ट हो गया क्योंकि वह चुप हो गया।

लेकिन सच्चाई यह नहीं है। सच्चाई यह नही है कि वह मैं कहने वाला बोध मर गया– या विनष्ट हो गया। सच्चाई यह है कि जिस यांत्रिक व्यवस्था के माध्यम से वह आवाज निकलती थी वह व्यवस्था छिन्न भिन्न हो गयी– वह स्वर यंत्र, वह श्रवण यंत्र, वह केंद्रिय नियंत्रण मस्तिष्क; उस सबकी रचना अस्त व्यस्त हो गयी– वे फेफड़े बंद हो गये वह श्वास का आना–जाना–रक्त का बहाव आदि बंद हो गये, यंत्र गड़बड़ा गया, – सदैव के लिये गड़बड़ा गए, Irrepairable हो गया– बस यही कारण है कि न वह सुनता है– न बोलता है न हिलता डुलता है– और अब वह सड़ रहा है।

मृत्यु की इस घटना के बाद उस देह रचना में लगे सारे अणु परमाणु बिखर जायेंगे और फिर किसी नयी रचना में प्रयुक्त होंगे।

एक नयी देह का अणु बनेगा फिर आहार आदि के द्वारा पोषण से इस देह का आकार–प्रकार बढ़ेगा– बदलेगा– बदलता रहेगा– अनंत–अनंत रूपाकार धारण करेगा।

लेकिन उस यंत्र के माध्यम से बोलने वाला मैं फिर भी वही होगा। वह मैं का बोध वही होगा वैसा ही React करेगा– वैसा ही Respond करेगा।

मृत्यु की घटना से न वह मैं का बोध नष्ट होता है जो देह की अपेक्षा नित्य है और न देह के अणु परमाणु नष्ट होते हैं। दोनों ही नित्य है।

फर्क इतना है कि अस्तित्व का एक अभ्यास क्षण प्रतिक्षण परिवर्तनशील, क्षण प्रतिक्षण नये–नये रूप आकार धारण करने वाला है और और एक अभ्यास नित्य एक रस होने का है।

जो नित्य एक रस है उसका न जन्म है– न संगठित होना है– न मृत्यु है न बिखरना है। जो प्रतिपल परिवर्तनशील है– उसके संगठित होने को जन्म और बिखरने को मृत्यु कहा जाता है।

9) अमृत छकना

अमृत छकना (चखना: पान करना)

मन रुपी मैल को जीवन से निकाल दो तो जीवन अमृत ही अमृत है। ऐसा योगी लोग कहते

हैं। भागवत लोग कहते हैं– क्यों मन को इतना शत्रु मानना। प्रभु चरणों के ध्यान में मन को लगा दो तो वही मन सुमन हो जाता है– जगमगाता है। यही जगमगाहट भक्ति रुपी अमृत छकना है। फिर जीवन अमृत ही अमृत है। यही गुरुवाणियों की सीख है।

गुरुवाणी का पाठ करना, गुरुवाणी का पाठ सुनना और गुरुवाणी को भीतर–भीतर स्मरण करते रहना, गुरुवाणी के मर्म को गुनना ही अमृत छकना है। गुरुवाणी अमृत है– जिसे पीने के लिये अमृत भी उतावला हो जाये। गुरुवाणी का कोई मोल नहीं। अमृत तो सब ही चखना चाहते हैं किंतु पात्र विरले ही होते हैं। संत कबीर इसीलिये तो गाते हैं– "प्रेम ना बाड़ी उपजै, प्रेम न हाट बिकाई, राजा परजा जेहि रुचै, शीश देय ले जाई।

संतों ने प्रेम को, भगवान के लिए– वाहे गुरू के लिए– प्रेम को अमृत कहा है। शीश यानी अपने अहंबुद्धि को जो छोड़ सके वही पात्र है।

गुरु नहीं बोलते, उनमें महा करुणा का स्रोत परमेश्वर ही बोलते हैं– गुरु के बोल ईश्वरीय वाणी है इसीलिये गुरु के मुख से जो भी वचन निकलता है वह वेद है।

गुरु के भीतर समष्टि चेतना–विश्वात्मा का वास होता है– इसलिये गुरु के मुख से निकलने वाली आवाज नाद है– श्री कृष्ण की बाँसुरी से निकली ध्वनि के समान परम संगीत है।

किसी को प्रसन्न–अप्रसन्न करने हेतु ये वाणियाँ नहीं होती, यह तो आत्मानंद का छलकता– अनायास निःश्रृत समाधि रस है– प्रेम का प्रकाश है। उस विश्वात्मा के प्रेम को पीकर धन्य–धन्य हो उठना, अमृत चखना है।

10) वाहे गुरु जी दी खालसा – वाहे गुरु जी दी फतेह

गुरू कौन हैं?

गुरू तो एकमात्र परमेश्वर ही हैं। लेकिन हमारे लिये हमारे बीच मानव देह धारण करने वाला ऐसा व्यक्ति जिसने स्वयं की वैयक्तिक चेतना को– परम चेतना परमात्मा में लीन कर लिया हो, खुद मिट गया हो, सिर्फ प्रभु ही रह गये हों जिसके लिये–वही व्यक्ति मनुष्य समाज में गुरु कहलाते हैं और उनके रुप में हम परमेश्वर की ही पूजा करते हैं।

गुरु की देह, गुरु का रुप– आकृति, दीया (दीपक) है जिसमें लौ– ज्योति– प्रकाश परमात्मा है। दीया और ज्योति अभिन्न हैं, दोनों देह और आत्मा की भाँति अखंड हैं, दोनों को अलग अलग कर सोचा भी नहीं जा सकता।

गुरु कहो या परमेश्वर– एक ही ओर इशारा होता है– वही वाहे गुरु जी हैं। गुरु नानक देव ऐसी ही एक रुप–आकृति हैं, बुद्ध–महावीर– ओशो ऐसी ही रुप–आकृतियाँ हैं जिनकी हम पूजा करते आये हैं। इनकी आकृतियों में हम परमात्मा की ही पूजा करते हैं। इनको स्मरण कर हम उस

अखंड परमेश्वर को ही याद करते हैं। इनका जिक्र करना प्रभु का ही जिक्र है– अल्लाह का जिक्र है। किसी भी सद्गुरु की देह परमात्मा की ही देह है।

जब हम कहते हैं वाहे गुरु का खालसा तो उनका सामान्यतः अर्थ जो हमारे सम्मुख उभरता है, वह उस गुरु के द्वारा संस्थापित धर्म संप्रदाय के मानने वालों का संघ ही होता है।

जब बौद्ध व्यक्ति "संघम शरणं गच्छामि" कहते हैं तो बुद्ध के द्वारा प्रवर्तित बौद्ध धर्म के मानने वालों का संघ या समुदाय ही होता है।

जब सिक्ख लोग वाहे गुरु का खालसा कहते हैं तब उनका सामान्य अर्थ सिक्खों के समुदाय, खालसा पंथ के दृढ़ पंथ से है– अनुयायियों के समाज से है। ऐसा ही प्रत्येक सद्गुरू के अनुयायियों का समाज सोचता है। जबकि यह भी वे मानते हैं कि गुरु अस्सीम और सर्व रुप सर्वात्मा होते हैं।

मैं समझता हूँ– जब कोई सच्चा शिष्य 'संघ' शब्द का उच्चारण करता है तब उसके सामने सिर्फ उस पंथ के अनुयायियों का समाज नहीं– बल्कि सर्व चराचर जगत्– इस सृष्टि का प्रत्येक प्रभु–प्यासा प्राणी है, परमात्मा को प्रेम करने वालों का समुदाय है। और परमात्मा को कौन प्यार नहीं करता, सभी की एक ही तो खोज है– एक ही तो प्यास है।

यह समूची सृष्टि उस वाहे गुरु का संघ है, वाहे गुरु का खालसा है– प्रत्येक हृदय में एक ही ध्वनि– 'वाहे गुरु' "वाहे गुरु' ही तो गूँज रही है।

और फिर हम कहते हैं ''वाहे गुरु की फतेह'' –तब आम तौर से सभी धर्मावलंबी लोग अपने अपने पृथक–पृथक गुरु जी की जय कहते हैं।

बौद्ध–बुद्ध की जय, जैन लोग तीर्थंकर भगवान की जय, इस्लामी लोग अपने पैगम्बर की जय और सिक्ख नानक देव या दसों गुरुओं की जय कहते हैं।

लेकिन सच्चा सिख जानता है कि गुरु जी लोगों (दसों गुरु) के भीतर जोत एक ही थी या है– वही ज्योति बार–बार दस देहों में प्रकट हुई है और वह ज्योति परमेश्वर है।

बौद्ध या जैन भी यही मानते हैं कि साक्षात् परमात्मा ही प्रकट हुए हैं। तो मेरा कहना है कि किसी भी सद्गुरु की जय कहने का तात्पर्य स्वयं परमेश्वर की जय कहना है और परमेश्वर की जय कहने का अर्थ है कि प्रभु की प्रसन्नता, प्रभु की इच्छा, प्रभु की व्यवस्था ही पूरी हो।

प्रभु की इच्छा की जय हो– जिसे अंग्रेजी में प्रभु ईसा मसीह के शब्दों में "thy will be done" कहा गया है।

प्रभु को मानना यानी प्रभु की इस रचना को मानना, प्रभु की सृष्टि को, जीवन के संचालन को, जीवन के हर रंग रुप को मानना, जीवन के नियमों को मानना। यही "वाहे गुरु जी की फतेह" का अर्थ मैं समझता हूँ।

इस तरह हम देखते हैं कि सिक्खों के द्वारा "वाहे गुरु जी दी खालसा" 'वाहे गुरु जी दी फतेह'' बोलना सच्चे अर्थों में– परमात्मा की सभी संतानों से है और परमात्मा के वात्सल्य से है। समग्र जीवन व्यवस्था से है जो सदैव मंगल स्वरुप एवं मंगलमय है– सर्व मंगलमय है।

11) व्यवस्था (सृष्टि व्यवस्था)

इस सृष्टि का कण–कण, प्रत्येक जीव, यह समूची सृष्टि सहज और सरल जीवन जीना चाहती है। सूरज, चाँद और तारा समूह यह समूचा ब्रह्माण्ड एक नियम के अनुसार चलकर ही सुव्यवस्थित है। वह नियम सर्वमान्य है।

किसी नियम को स्वीकारना एक शर्त को स्वीकारना होता है। उस नियम को स्वीकारना अपनी–अपनी स्वच्छंदता को सीमाबद्ध कर एक मर्यादित आचरण को अपनाना होता है। वही मर्यादित आचरण व्यवस्था कहलाती है।

व्यवस्था में जीना सबके हित में होता है– उससे सर्वमंगल सधता है।

यह व्यवस्था सम्पूर्ण सृष्टि में व्याप्त है– यह कीट पतंग से लेकर देव देवियों तक के लिये, अणु से लेकर ब्रह्माण्ड तक सबको अनुशासित रखती है। व्यवस्था अनुशासन है। यह अनुशासन दिव्य है। सब उसके अधीन है। कोई स्वछन्द नहीं, यह अनुशासन ही अंतिम व एकमेव स्वच्छन्दता है– यही सहजता है– यह मर्यादा सर्वमंगल रुप ही है।

जिसने भी इस मर्यादा के बाहर आचरण किया खुद विकार ग्रस्त हुआ और औरों को भी कष्टों में डाला।

उस सर्व व्याप्त नियम को शास्त्र ऋत् कहते हैं। ऋत् अनादि अनंत है। उसका कोई नियंता नहीं, कोई संचालक नहीं, स्रष्टा नहीं। यह स्वयं परमात्मा का भागवत् विधान है।

संसार में जैसे जैसे आदमी अपनी आदिम अवस्था से मुक्त होता हुआ सभ्यता की मंजिलें तय करता गया वैसे–वैसे बुद्धि सम्पन्न होती गई। मनुष्यों में जो व्यक्ति इस बुद्धि बल के अधिकारी होते गये उन व्यक्तियों को इस ऋत् का प्रकाश नजर आने लगा।

अब इसे यों कहें कि आदमी ने अपने बुद्धि बल से उन नियमों को देखा– महसूस किया और लोगों के सम्मुख प्रस्तुत किया या यों कहें कि जों जों मनुष्य पात्रता हासिल करते गयें उन्हें अधिकारी जानकर सर्वज्ञ परमात्मा उनमें प्रतिभा बनकर उतरता गया, ऋत् (नियम) उनकी दृष्टि की सीमा में क्रमशः अनावृत्त होकर (उधड़कर) दर्शन देने लगा।

इस प्रकार मनुष्य जीवन में विज्ञान उतरता गया– ऊपर से और जीवन में एक व्यवस्था आने लगी– जंगलीपन, और अराजकता से समाज मुक्त होकर सहज और सरल होने लगा। अमर्यादित जीवन मर्यादित होकर सर्व मंगल रुप धारण करने लगा। वही व्यवस्था आज का

हमारा लोकतंत्र है।

जंगल में रहने वाले हजारों वर्ष पुराने आदमियों की समाज व्यवस्था में कितने ही प्रयोगों के बाद लोकतांत्रिक व्यवस्था की समझ उत्पन्न हुई।

सब प्रकार की व्यवस्थाओं के गुण दोषों को देखभाल कर उनमें जीवन को मिले खट्टे मीठे अनुभवों को ध्यान में रखकर आज का यह लोकतंत्र स्वीकार किया गया है।

स्वतंत्रता, समता तथा विश्व बंधुत्व की धारणा को रुप दिया गया। Liberty equality and fraternity की भावना का मूर्त रुप ही यह लोकतंत्र है।

यह बात मैं कहना चाह रहा हूँ कि यह व्यवस्था– आदमी जो यह सोचता है कि उसने अपनी प्रतिभा या सूझ बूझ से पैदा किया है वह बात गलत है।

सच तो यह है कि यह व्यवस्था सदैव ही मौजूद रही है– वह इन प्रतिभाओं पर उतरी है, इन बुद्धिमानों की बुद्धि पर झलकी है, प्रतिबिंबित हुई है।

मंत्र पहले ही मौजूद थे– वे इन ऋषियों की दृष्टि पटल पर अंकित हुए वे द्रष्टा हुए, उनके जनक (बनानेवाले) नहीं। ऋषिगण जो हैं उसके साक्षी हुए, निर्माता नहीं।

वही व्यवस्था जो ब्रह्माण्ड में व्याप्त है, प्रकृति में व्याप्त है, वही व्यवस्था मनुष्य जीवन में भी प्रतिबिंबित हुई दिखलायी पड़ती है।

एक ऐसी व्यवस्था जिसके अनुसार मनुष्य अपने जीवन व्यवहारों को सहजता के साथ जी सके एक मर्यादित जीवन, अनुशासित जीवन पद्धति का अवतरण हुआ है।

अभी मनुष्य शिक्षित हो रहा है, सभ्यता आने में अभी देर है सभ्यता आ रही है लेकिन व्याप्त नहीं हो पायी है।

अभी भी दण्ड की व्यवस्था के अंतर्गत भय के कारण आदमी अनुशासित है– स्वेच्छा से– आनंदित होकर आदमी सभ्यता के नियमों को नहीं अपना पा रहा है।

कानून का भय है, दण्ड के डंडे का भय है इसलिये आदमी अनुशासित है– स्वेच्छा से– अपनी समझ से, अपनी भीतर अंतरात्मा की सुन कर नहीं।

यदि भय और बलात् लादी हुई व्यवस्था थोड़ी सी भी कमजोर हो जायें तो अभी भी आदमी चोरी, हिंसा, मार–काट, लूट–पाट, व्यभिचार आदि से ग्रस्त ही है। गुजरात में अभी अभी ऐसा खेल, ऐसी अराजकता और बर्बरता देखने में आयी। सारी दुनिया में यह वीभत्स खेल अभी चल ही रहा है।

अभी आदमी सभ्य नहीं हुआ है इसीलिये व्यवस्था दबाव व दमन से कायम हो पा रही है।

अभी आदमी असभ्यता और सभ्यता के बीच से गुजर रहा है– लड़ रहा है, तप रहा है, गढ़ा जा रहा है, पात्रता निर्मित की जा रही है।

अतिमानसिक चेतना (Supramental Consciouness) का अवतरण, ऋषि–दृष्टि का

अवतरण, ऋत् के बोध से संपन्न लोगों का समाज तैयार होना अभी बाकी है। जीवन की सहजता सरलता का होना अभी शेष है। हँसते–हँसते हर हाल में खुश रहना सीखना मनुष्य के लिये अभी एक संभावना ही है, यह एक सपना ही है।

लेकिन आकांक्षा जग चुकी है, यही आकांक्षा विश्व चेतना में व्याप्त होने पर, आकांक्षा के अभीप्सा बन जाने पर वह कभी संभव हो सकेगा, जो अभी तक संभव नहीं हो सका है व्यक्ति के साथ जो आज हुआ है वही कल किसी दिन मानव समुदाय के साथ भी संभव हो सकेगा।

12) भोगभक्ति

व्यक्तियों को जो यह आयु मिली है, देह मिला है– उसके दोनों उपयोग हैं– चाहे तो उसे भोगों मे रत रहकर समाप्त कर ले या भक्ति के रस में लीन होकर परमात्मा की याद में लीन होकर जी ले। यह स्वतंत्रता है– चुनाव की पूर्ण स्वतंत्रता है– आदमी के हाथों में परमात्मा की ओर से कोई बाध्यता नहीं है।

भोग तो ऐसी बात है जो प्रत्येक आदमी के अनुभव में आती है कि आज लगता है अभी तक तृप्ति नहीं हुई तो कल मिल जाएगी लेकिन ऐसा कोई कल नहीं होता जब तृप्ति का अनुभव हो– हर बार– रोज रोज यही तथ्य सामने आता है कि चाहे कितना भी भोग को भोगो हमेशा वह अधूरी ही रहता है– एक जन्म हो कि अनेक जन्म हो, भोग से तृप्ति की आशा करना दुराशा ही सिद्ध होती है– हमेशा व्यक्ति को पता है कि अभी तो वह बीच में ही है– और मृत्यु आ धमकती है। भोग की यात्रा का कोई अंत नहीं। सिर्फ प्रारंभ है– अंत कभी नहीं।

भक्ति ऐसी बात है कि उसका प्रारंभ भी है और अंत भी और अंत ऐसा कि उसके लिये कोई समय सीमा निर्धारित नहीं होती। प्रत्येक व्यक्ति के लिये अलग अलग होती है। किसी के लिये भक्ति यात्रा का मंजिल क्षण मात्र में संपन्न हो जायें– मिल जायें प्रभु उसे तो किसी को वर्षो लग जायें तो किसी को जन्मों लग जायें। लेकिन इतना निश्चित है कि भक्ति यात्रा का प्रारंभ भी है और तृप्ति का क्षण भी निश्चित रूप से आता है। अनंत–अनंत तृप्ति का क्षण–अनंत से मिलन की तृप्ति। यही भेद है भोग और भक्ति में।

13) मनुष्य की स्वतंत्रता:

किसी ने पूछा भगवान (ओशो) से कि आदमी के जीवन में दुःख क्यों है?

भगवान ने कहा ''आदमी की स्वतंत्रता के कारण। वस्तुतः आदमी के जीवन में स्वतंत्रता है– न दुःख है– न सुख है।''

अपनी स्वतंत्रता का गलत दिशा में उपयोग करने से जो परिणाम अनुभव में आता है उसे आदमी दुःख कहता है– उसी स्वतंत्रता का सही दिशा में उपयोग करे तो जो परिणाम आता है वह उसे सुख कहता है इसलिये इस नियम को ठीक से समझना चाहिये कि जिस प्रकार के कर्म करने से, जीवन शैली अपनाने से दुःख आ रही हो– अनुभव में तो वह निश्चित जानना चाहिये कि जरूर कहीं अपनी स्वतंत्रता का गलत उपयोग हो रहा है– और यदि जीवन में सुख आ रहा है तो जानना चाहिये कि रास्ता सही है।

सुख दुःख भाग्य नहीं है आदमी का। भाग्य है– स्वतंत्रता। अपने इस अमूल्य भाग्य का, प्रभु की देन का आदमी को उपयोग करना होता है– उसे व्यवहार में लाना होता है यह तो अवसर है आदमी के हाथों– चाहे तो उसी से सुख कमा ले, चाहे तो दुःख कमा ले। परमात्मा ने सिर्फ स्वतंत्रता दी है।शेष आदमी पर छोड़ दिया है।

यदि तुम्हारे जीवन में दुःख है तो इसके लिये तुम ही जिम्मेदार हो अपनी स्वतंत्रता का गलत उपयोग किया। जो बोयेगा बबूल तो काँटे ही काँटे उगेंगे– जो बोयेगा फूल तो जीवन रंग–बिरंगे सुगंधित फूलों से भर जायेगा।

आदमी ही अपने जीवन को स्वर्ग बनाता और आदमी ही अपने जीवन को नर्क बनाता है।

परमात्मा ने उसे स्वतंत्रता दी है– न कि सुख और दुःख।

स्वतन्त्रता का उपयोग करना सीखो।

मनुष्य होने की गरिमा यही है कि सिर्फ मनुष्य होकर ही परमात्मा की ओर तुम्हारी आंख उठ सकती है, सिर्फ मनुष्य योनि को ही यह मौका मिला है कि परमात्मा का विचार पैदा हो सकता है– परमात्मा के दर्शन की प्यास पैदा हो सकती है– परमात्मा से एक हो जाने का भाव पैदा हो सकता है।

यही है मनुष्य होने की गरिमा और इसको तुम अपनी स्वतंत्रता के सही उपयोग करके ही पा सकते हो।

यही है आदमी की स्वतंत्रता का मूल्य। मै समझता हूँ इतना कह देना तुम्हारे लिये पर्याप्त होगा। आगे अब तुम्हारी मर्जी।

14) हिसाब लेन देन का

यह मनुष्य जीवन है तो रहस्यपूर्ण तानों बानों से बना हुआ किंतु आदमी की जिज्ञासा अदम्य है। हर घटना के पीछे कारण क्या हो सकता है इस बात को जानना समझना जरूरी हो जाता है।

कहते हैं न कि Man is a rational animal. बुद्धि संपन्न– तर्क बिठाने में निपुण है।

लोग सोचते हैं– यह मेरी पत्नी है– यह मेरा पति है– ये मेरे बेटे बेटियाँ है– यह मोह है जीवन

का खेल ऐसा है– कि पुराने शत्रु मित्र के मुखौटे ओढ़ कर आते हैं– जिन्हें लेना है वे नाते रिश्ते बनाकर आते हैं– पाई पाई का हिसाब होता है।

परमात्मा की लीला ही कुछ ऐसी है कि लेनदार को कहना नहीं पड़ता–देनदार खुद ब खुद रीझ–रीझ कर देता चला जाता है– चुकाता चला जाता है। यह परमात्मा का विधान है।

इसीलिये उसे विधाता कहते हैं–

नियम को चलाने वाली अदृश्य शक्ति।

लोगो को पहले ही पता चल जाये कि यह लेनदार है– बदले की भावना से घर में घुस आया शत्रु है तो– बचने का उपाय न रच ले। इसीलिये पता नहीं चलने दिया जाता।

मोह के आवरण मे चेतना को सुला दिया जाता है। मेरे का– जिम्मेदारी का भाव जगा दिया जाता है जीव के भीतर।

और पता चल भी जाये भविष्य किसी तरह जैसे शुद्धोधन को संकेत मिल गया था उसके पुत्र सिद्धार्थ के बारे में कि बहुत संभावना है उसके परिव्राजक हो जाने का–संन्यासी हो जाने का, विरक्त हो जाने का तो शुद्धोधन ने क्या–क्या नहीं उपाय रचे कि सिद्धार्थ के भीतर राग बना रहे — संसार और संसारी जीवन के प्रति आकर्षण बना रहे– वैराग्य न आने पाये।

लेकिन शुद्धोधन के हाथों रचे वे उपाय ही– वे तरह–तरह के हर मौसम के उपयुक्त महल उद्यान और वे शताधिक रूपसियाँ– सुंदर–सुंदर युवतियों की चौबीसों घंटे सिद्धार्थ को घेरे रहने वाली भीड़– ये सब सामग्रियाँ ही उपाय बन गयी वैराग्य के लिए।

न्यूनता में आकर्षण होता है– अति में उब, इस मनोविज्ञान को शुद्धोधन समझ नहीं पाया अपनी सारी बुद्धिमानी के बावजूद। और एक दिन गौतम सिद्धार्थ परिव्राजक हो ही गया।

सिद्धार्थ जब अपने शयन कक्ष से बाहर निकल रहा था– यशोधरा बेसुध सो रही थी और नवजात शिशु बगल में लेटा हुआ था। द्वार पर आकर एक बार मुड़कर देखा उस शिशु को और उसके मुँह से निकल पड़ा ‘‘राहु’’। यही समझा उसने उसे देखकर।

फिर बुद्ध जब बुद्धत्व के पश्चात् कपिलवस्तु आये तब शुद्धोधन के उकसाने पर यशोधरा ने राहुल को अपने सामने रखकर बुद्ध से कहलवाया कि आप मेरे पिता हैं– मुझे आपसे जो विरासत में लेना है वह मुझे दें। बुद्ध ने अपने हाथ का भिक्षापात्र राहुल के हाथ में सौपते हुए कहा कि हाँ लेनदारी है और मेरी देनदारी– यह ले जो तुझे मुझे देना है। ले स्वीकार यह भिक्षापात्र। यही मेरी देनदारी है।

बुद्ध की देनदारी संसार संबंधी होती तो महल से निकल ही नही सकते थें– जिम्मेदारी और मोह उन्हें जकड़ ही लेता। थोड़ा सा समझाने बुलाने की बात थी– वह फँस ही जातें। लेकिन नहीं, यह उनकी जिम्मेदारी नहीं थी, यह उनकी देनदारी नहीं थी वे निकल पड़ें इसीलिये इस घटना को महाभिनिष्क्रमण (ज्ञान की खोज के लिए बाहर जाना) कहते हैं– कर्त्तापन का समूल त्याग।

जहाँ पुराना लेन देन होता है– वहाँ चित्त मोहग्रस्त हो ही जाता है– यही प्रकृति का विधान है।

वह जो पति या पत्नी की आवाज बहुत मधुर– मिश्री घुली हुई सी लगती है वह मुख मंडल बड़ा सुहाना जो लगता है– वह स्पर्श जो गुदगुदी पैदा करता है। वह मधुर–मधुर देखना शिशु का– वह लड़खड़ाकर चलना और तुतलाकर बोलना बच्चे का– जिससे चित्त रीझ रीझ जाता है यह मोह है– अदृश्य बंधन है बंधन है लेन–देन का। इसी से जिम्मेदारियों का अहसास पैदा होता है। खुशी–खुशी उन जिम्मेदारियों के नाम पर कर्म पर कर्म– बेहोश होकर गलत सही सभी किस्म के कर्म आदमी करता है– उसे मालूम भी नहीं पड़ता कि वह हिसाब चुका रहा होता है।

पत्नी के रूप में हिस्सा माँगा जाता है– पति के रूप में हिसाब माँगा जाता है– बाल बच्चों के रूप में– भाई बहनों के रूप में हिसाब माँगा जाता है और लोग पहले तो बहुत वर्षो तक स्वयं अपनी खुशी से आगे बढ़–बढ़ कर यह काम करते हैं और बाद में रूठने मनाने का, शिकायतें करने का क्रम चलता है तो रो–रो कर उसे पूरा करने का ढंग चलता है।

चाहे हँस–हँस कर चाहे रो–रो कर करो– हिसाब तो पूरा करना ही पड़ता है और जब लेन–देन पूरा हो जाता है तो एक घड़ी के लिये भी वह सदस्य ठहरता नहीं– वियोग की घड़ी आ जाती है।

जिसके लिये इतना किया– वह साथ छोड़कर गया– ऐसा सोच सोचकर व्यक्ति बहुत रोता–पछताता है। यही संसार है। यही आम आदमी की जिंदगी है। रहस्य है भी और रहस्य नहीं भी है।

मोह के आवरण में ही आँखे धुंधला गयी हों तो बड़ा बेबूझ रहस्य और मोह मुक्त हो जाये आदमी– ध्यान युक्त हो जाये आंखों से देखने के बाद तो सब मामला साफ–साफ समझ में आने लगता है।

परमात्मा नियम है। जो जैसा करता है वैसा ही पाता है– जितना देता है– उतना ही पाता है। जीवन एक विराट् व्यवस्था है– विधाता कोई अराजक और सनकी नहीं है– वह हिसाब रखता है एक–एक कर्म का, एक–एक भाव का चाहे उसे तन से करो या मन से– सब का हिसाब रखा जाता है– फिर वही आदमी को पाना खोना होता है।

जो जानते हैं– जाग जाते हैं इस तथ्य को– वे हर्ष शोक से मुक्त चित्त के साथ जीवन के विविध प्रसंगों को जी लेते हैं– साक्षी होकर और जो मोह ग्रस्त होते हैं उनका चित्त हर्ष शोक से अप्लावित होता रहता है। यही लेनदेन है।

मेरी बात सुनने में अति कठोर, कड़वी और संसार तथा समाज की दृष्टि से एकदम बेतुकी लग सकती है परंतु मै क्या करूँ सच तो सच है।

बुद्ध ने यही कहा है, जिन्होंने जाना उन्होंने यही जाना है– तभी तो विरक्त हो गये, किसी ने

कहा हो या न कहा हो– लेकिन सच तो सच है।

और यह भी तो सच है कि संसार जैसा है वैसा सदा से है, सदा रहेगा– क्योंकि गुरू कितना भी समझायें– सच को सुन भी लिया जाये तो क्या होता है– घर में भी बुद्ध पैदा हो जाये तो भी शुद्धोधन शुद्धोधन ही रहेंगे– जिनका लेन देन– है वे प्रकृति के द्वारा मोह में पड़ेगें– ही पड़ेगें अर्जुन को भी मोह ने जकड़ा था, भरत को भी मोह ने जकड़ा, जिनका लेन–देन है बाकी अभी मोह नहीं छोड़ता उसे– पाई–पाई वसूल करवाता है और जब हिसाब पूरा हो जाता है– तभी उठता है– तभी नींद टूटती है– तभी किसी का महाभिनिष्क्रमण होता है सदियों–सदियों में किसी का।

मेरी बात से संसार का क्रम नहीं टूटेगा, लेकिन जो मैंने देखा– वह तुमसे कह दूँ शायद कभी याद आ जाये, शायद नींद टूट जाये.... शायद .....।

15) सूफी संत: प्रेमाभक्ति, अभेदभावना

कुरान के ऐसे प्रसंग जिनमें सर्वव्यापी प्रेम–स्वरूप परम– आत्मीय प्रभु के शील और सौंदर्य का वर्णन है– सूफी साधकों का आधार है।

फिलीस्तीन में ईस्वी सन् 800 के आसपास अबू हासिम ने इस मत का प्रचार किया। राबिया, मंसूर, बायजीद, जलालुद्दीन रूमी, हसन, हाफिज, शेख सादी आदि अनेक फकीर हुए जिन्होने भगवत्प्रेम की रौशनी में खूब स्नान किया और दिव्य होकर प्रेम की दिव्यता को दुनिया के सामने प्रकट किया।

सूफियों ने प्रेम के हर रूप रंग का सम्मान किया चाहे वह परम प्रिय परमात्मा और उसके भक्त के बीच का अलौकिक प्रेम हो या दो आत्माओं के बीच जन्म–जन्मांतर का लौकिक प्रेम हो। प्रेम तो प्रेम ही है चाहे वह धुआँ सहित हो या धुआँ रहित निर्धूम अग्नि हो– आग तो आग ही है। प्रेम का ऐसा सम्मान अन्यत्र कहीं दृष्टिगोचर नहीं होता। इस प्रकार अपने प्रियतम को मान देना तो कोई सूफियों से ही सीखे।

हिन्दू कहें मोहि राम पियारा, तुर्क कहें रहमाना।
आपस में दोउ लड़ी–लड़ी मुए, मरम न कोउ जाना।।

– कबीर

प्रेम ही भगवान का स्वभाव, स्वरूप है– प्रेम ही अवतार ग्रहण करने के पीछे मुख्य प्रेरक शक्ति है।

प्रेम परम तत्व है। सम्पूर्ण विश्व के आध्यात्मिक संतो, मसीहाओं, बुद्धों, पैगंबरों, फकीरों और चिंतन मननशील बुद्धिमान व्यक्तियों की जीवनियों को देखने से, उनके उपदेशों को पढ़ने सुनने से यह स्पष्ट हो जाता है कि चाहे उनके बीच भिन्न–भिन्न साधना पद्धतियों के बीच चाहे कितना

ही भेद हो– मान्यताओं और आग्रहों की कितनी ही टकराहट हो– वे कितने ही विरोधी दिखते हों, लेकिन एक बात पर एक तथ्य पर सभी एकमत हैं– सबका स्वर, सबकी उद्घोषणा एक ही है कि प्रेम ही धर्म का, योग का, समाधानों का सार है– कि प्रेम परम तत्व है– कि प्रेम ही सत्य है, प्रेम ही परमात्मा है।

प्रेम के साम्राज्य पर देश और काल की कोई सीमा लागू नहीं होती– प्रेम अनादि–अनंत होता है– हर देश में, हर काल में अक्षुण्ण, एक जैसा श्रद्धेय व पूज्य रहा है। प्रेम आराध्य भी है और आराधना भी है। प्रेम भाव भी है, अव्यक्त होता है और प्रेम क्रिया भी है– प्रेम प्रकट भी होता है। चाहे किसी भी सम्प्रदाय का संत हो– सद्गुरू हो– प्रेम को सबने जीवन का अमृत रस– लोक मंगल का परम आधार कहा है और इसकी प्रशंसा में गीत गाये हैं। यही सूफियों को देखकर स्पष्ट प्रकट होता है। सूफी प्रेम के साक्षात् विग्रह होते हैं।

भारत में सूफी संतो की अनेक समाधि स्थल अर्थात् मज़ार हैं जो तीर्थ बन गये हैं– वहाँ प्रेम के– प्यार–मोहब्बत के दीप जलाये जाते हैं, वहाँ इश्क की रोशनी बिखेरी जाती है। वहाँ इंसान–इंसान के बीच विश्व बंधुत्व का प्रकाश प्रसारित किया जाता है।

ऐसे ही अनेक हिंदू संत हुए हैं– नानक, कबीर, प्राणनाथ, राम कृष्ण परमहंस, अरविंद, माँ आनंदमयी, भगवान श्री रजनीश जी, रमण महर्षि जैसे दिव्य आत्माओं ने भी प्रेम को सर्वोपरि स्थान दिया है।

शिर्डी के साईं बाबा, अजमेर के ख्वाजा गरीब नवाज, दिल्ली के निजामुद्दीन औलिया, नागपुर के ताजुद्दीन बाबा, मेहेराबाद के मेहेर बाबा आदि तो प्रेम के अवतार ही थें।

चैतन्य महाप्रभु, मीरा बाई, लल्लेश्वरी, विजयकृष्ण गोस्वामी, ज्ञानेश्वर, सब प्रेम के ही चिन्मय विग्रह (मूर्ति) हैं।

इस दृष्टि से ये सब सूफी ही हैं– सूफी यानी प्रेम दिवानें, प्रेम में मस्त, सूफी यानी प्रेम। प्रेम की पराकाष्ठा है सूफी संत की जीवनशैली।

सूफी द्वैत–अद्वैत से पार उठ जाते हैं– क्योंकि प्रेम द्वैत–अद्वैत से विलक्षण होता है। प्रेम द्वैत–अद्वैत से ऊपर की बात है। सूफी इसी महाभाव में निमग्न जीवन जीते हैं। सूफी लोग इस महाभाव को 'इत्तिहादिया' कहते हैं।

सूफी मृत्यु को शुभ कहते हैं– वे उल्लास मनाते हैं। जलालुद्दीन रूमी कहते हैं कि पहले मैं पत्थर था– मर कर पौधा बना, पौधा होकर फूल फल बना, फिर पौधा होने से मुक्त होकर पशु बना, परिंदा बना पशु–पक्षी होकर मर कर मनुष्य बना हूँ– तो मृत्यु तो हर बार शुभ ही रही, हर बार मैं ऊपर उठा हूँ फिर मौत से क्यों डरूँ, क्यों न जश्न मनाऊँ। क्योंकि अब मैं फरिश्ता बनूँगा तो फिर मैं क्यों न खुश होऊँ, क्यों न आनंद मनाऊँ। सूफी हर बात में जश्न मनाते हैं। सूफी यानी उत्सव। सूफी यानी उल्लास। यह उल्लास मृत्यु के द्वारा फना होने की खुशी है। तब तो बका यानी प्रभु मिलन होगा। खुदी को मिटाकर सूफी खुदा से मिलता है– यही फना और बका हैं।

शरीयत, तरीकत, हकीकत और मारिफत– के सोपानों को पार कर साधक एक दिन मंसूर की तरह अनलहक– ''मैं सत्य हूँ, मैं ही ब्रह्म हूँ, अहं ब्रह्मास्मि'' कह उठता है।

भारत की जमीन सूफी साधना के बहुत अनुकूल साबित हुई। सूफियों को हिंदुस्तानी तहजीब, हिंदुस्तानी हवा खूब रास आयी। अमीर खुसरो के रूप में हिंदुस्तानी मिट्टी की महक दुनिया भर में फैल गयी। वस्तुतः भारत में भक्ति की धारा को पल्लवित–पुष्पित हुए एक अर्सा बीत चुका है– हजारों वर्षो का इतिहास है और सूफी साधना भक्ति की ही साधना है– ध्यान और भक्ति, ज्ञान और प्रेम दोनों मिलकर ही सूफी–साधना बना है।

सूफी भक्तों की तरह भगवान के साथ भक्ति के सभी रूपों में संबंध स्थापित करते हैं। लेकिन आशिक–माशूका का प्रियतम–प्रेमी का विपरीत लिंगी प्रेम की तरह प्यार–मोहब्बत का रिश्ता उन्हें सबसे ज्यादा प्रिय है। इसमें परवाना की तरह प्रेमी जलकर खाक हो जाता है और सिर्फ शमा याने उस ज्योति स्वरूप प्रभु के सत्तावान होने के बोध में डूब जाता है। केवल अल्लाह ही है, अल्लाह के सिवा कहीं कुछ भी नहीं।

इस्लाम को रसमय बना दिया सूफियों ने। धर्म को संगीतमय बना दिया है।

सूफियों ने कहा कि वही अल्लाह राम है, वही रहीम है– उसी एक प्रियतम को कोई राम कह कर मंदिरों में पुकारता है, तो कोई मस्जिदों में रहीम कह कर याद करता है। यही धर्म का मर्म है जिसकी बात कबीर कह रहे हैं। धर्म के मर्म को, सार स्वरूप को सूफी हमारे दिलों में बसा देना चाहते हैं। और वह मर्म है भाईचारा, समानता, एकत्व, अभेद भावना, प्रेम जिसे कहते हैं – उसी इंसानी मजहब को दुनिया के दिल में राज करता हुआ वे देखते हैं– उसी का नाम यश वे गाते हैं और कहते हैं– मूर्खो की तरह बात–बात में व्यर्थ के बकवास में उलझ कर लड़ाइयाँ करना लड़ना–झगड़ना छोड़ो।

उस एक को पहचानों जो हर दिल पर राज करता है, हर दिल में बसा है, हर दिल अजीज है, सभी का प्यारा है– धर्म के उस मर्म की बात वे गा–गाकर नाच–नाचकर सुनाते हैं और आँख मूँद कर उस सच्चिदानंद महासागर में डूब जाते हैं।

यही उनकी लोक सेवा है। यही उनका धर्म है जो किसी भी तरह की मर्यादा, किसी भी तरह की संकीर्णता या भेद–भाव को नहीं मानता–सूफियों का धर्म उदारता की मिसाल है– सब संप्रदाय अपने–अपने आग्रह छोड़कर इस महासागर में ठीक उसी तरह विलीन हो जाते हैं जैसे नदियाँ समुद्र में समा जाती है और समुद्र बन जाती है। यह प्रेम का महासागर है। इसीलिये सूफी प्रेमाभक्ति में लीन संत होते हैं। यही धर्म को रसमय, संगीतमय बनाना है। यही धर्म का सच्चा स्वरूप है– यही उदारता सूफियों की पहचान है।

सूफी कोई पंथ नहीं है, न ही कोई महजब है, सूफी तो मनुष्य की सम्यक् जीवन शैली है, शास्त्रों और विद्वान शास्त्रकारों द्वारा निर्धारित, भारी भरकम नियम–कानूनों से मुक्त सहज, सरल निर्भार आनंदमय जीवन शैली है। सूफियों के लिये एक ही अल्लाह है वह है प्रेम और एक ही

महजब है– और वह है प्रेम और एक ही धर्मशास्त्र, एक ही गुरूवाणी है– वह है प्रेम। प्रेम के अलावा और किसी को सूफी न जानता है न मानता है।

सुफियों ने देह और आत्मा को एक कर दिया। मेरे गुरू श्री रजनीश (ओशो) जी कहते थे 'This very body the Buddha, this very earth the lotus paradise."

इस प्रकार सूफियों ने जीवन को उत्सव बना दिया, एक मंगल गान बना दिया। माधुर्य की ऐसी उपासना सूफियों ने कर के धर्म को सजीव कर दिया। धर्म के मर्म को उन्होंने जीकर दिखाया।

अमीर खुसरों और उमर खय्याम ने इसी प्रेम और मधुरता का गीत गाया है। यह इत्तेहादिया मे मस्त फकीरों की कथा है। अनलहक में डूबे संतो की यह कथा है। महामिलन के महासुख में निमग्न आत्माओं की यह कथा है।

यह सम्यक् जीवन शैली की कथा है। सूफी संतों की इस मधुर रस की ऐसी बरखा की कि जीवन प्रतिपल दीपावली की जगमगाहट और होली के अबीर गुलाल से रस विभोर हो उठा। सूफियों की यह भावधारा जीवन को उत्सव में रूपांतरित कर लेने की कीमिया है, alchemy है। सूफी यानी प्रेमोत्सव की मस्ती।

16) आईना (The Mirror)

पिछले कुछ वर्षो से मैं अपने विषय में कुछ–कुछ कहता आ रहा हूँ। तुम लोग साक्षी रहोगे इस अभियान के। हाँ, जीवन एक अभियान ही है– यदि उसे एक लक्ष्य की ओर धीरे–धीरे उठाया जाये– यदि एक महत्तर (बड़े) सत्ता की ओर धीरे–धीरे उठाया जाये।

मैं जो कुछ कहता– बताता आया– अपने विषय में, अलग–अलग संदर्भो में, अलग–अलग विषयों को लेकर, अलग–अलग ढंगों से– वह सब मेरी जीवनी नहीं है, आत्मकथा नही है– मैं कतई गंभीर नहीं हूँ– न कोई महत्वाकांक्षा है– यह सब सिर्फ मेरी चेतना का उन्मेष है– जैसे एक कलाकार कला सृजन करता है– आनंद को प्रकट करता है– ठीक वैसे ही।

इसे उर्दू साहित्य के जानने वाले इशाइयाँ कहते हैं– यह फकाबिया नहीं है कि विशेष–विशेष घटनाओं पर जोर देकर कहा गया हो।

ये बातें, पैबंद है फकीर की गुदड़ी के। ये बातें तरंगे है चेतना के सागर पर उठती गिरती।

मैं कोई किस्सा निगार नहीं हूँ, एक साधारण इन्सान हूँ– तुम लोगो जैसा ही।

मैं सिर्फ वही कह रहा हूँ जो मै हूँ, जो मेरी सोच है, जो मेरा हृदय है– मैं नहीं– परमात्मा ही कह रहा है– सुना रहा है। वैसे तो प्रत्येक व्यक्ति के माध्यम से परमात्मा ही कह सुन रहा है– उसे कोई महसूस करता है तो कुछ कोई नही– बस इतना ही फर्क है।

मानव इतिहास में मेरा कोई उल्लेख नहीं है– न होगा– मेरे जैसे न जाने कितने लोग हैं, हुए हैं और होंगे– जिन्होने जीवन को भगवान की पूजा सेवा बनाकर जीया और पल–पल परमात्मा की उपस्थिति को अनुभव किया और अपने ईमान पर कायम रहे– बस इतना कर सके– यही

पर्याप्त है तृप्ति के लिए।

मैं मनुष्य जीवन को पाकर तृप्त हूँ– तुम्हें भी ऐसा ही तृप्त देखना चाहता हूँ। इसीलिये, इसी आकांक्षा से प्रेरित होकर यह सब कहता रहा। आगे भी कहता रहूँगा। जीवन अंतहीन है और जीवन की यह कथा भी अनंत है। अस्तित्व ही परमात्मा है। हर देह परमात्मा की देह है।

अनंत बसा है हर देह में। वही कहता– वही सुनता। वही आदि– वही मध्य और वही अंत। यही मैं हूँ।

मस्त गान

1) सिज़दा अदा किया न किया,
कोई ग़म नहीं।
मस्ती में झूम के जीता हूँ
ये इबादत से कम नहीं।

2) गुलशन परस्त हूँ, गुल ही नहीं अजीज
काँटों से भी निबाह किये जा रहा हूँ।

3) बन्दा परवर हूँ, बंदगी की बात न कर
जिसके आगे सिर झुका देता हूँ
वो खुदा हो जाता है।

4) हमें दैरौ– हरम के तफरकों से काम ही क्या?
सिखाया है किसी ने अजनबी बनके गुजर जाना
दैरो हरम–मंदिर मस्जिद
तफरकों–विवादो

सन्दर्भ–पुस्तकें

1. हरि अनन्त हरि कथा अनन्ता (भाग-1) – स्वामी चैतन्य वीतराग
2. हरि अनन्त हरि कथा अनन्ता (भाग-2) – स्वामी चैतन्य वीतराग
3. हरि अनन्त हरि कथा अनन्ता (भाग-3) – स्वामी चैतन्य वीतराग
4. हरि अनन्त हरि कथा अनन्ता (भाग-4) – स्वामी चैतन्य वीतराग
5. हरि अनन्त हरि कथा अनन्ता (भाग-5) – स्वामी चैतन्य वीतराग
6. हरि अनन्त हरि कथा अनन्ता (भाग-6) – स्वामी चैतन्य वीतराग
7. हरी अनन्त हरी कथा अनन्ता (भाग-7) – स्वामी चैतन्य वीतराग
8. हरि अनन्त हरि कथा अनन्ता (भाग-8) – स्वामी चैतन्य वीतराग